yūn 晕

姑娘
gū niáng

粉丝
fěn sī (fam + glasnudeln)
= 迷 mí

yūn chuan

bis 29,30

25. 1.
ENDTEST 3-5 min
18/01 Einführung (2)

lilishe 02943064@163.com

教材项目规划小组

Planungsgruppe Lehrmaterial

严美华　姜明宝　王立峰
田小刚　崔邦焱　俞晓敏
赵国成　宋永波　郭　鹏

加拿大方咨询小组

Kanadische Berater

Dr. Robert Shanmu Chen
Mr. Zheng Zhining
University of British Columbia

Dr. Helen Wu
University of Toronto

Mr. Wang Renzhong
McGill University

中国国家对外汉语教学领导小组办公室规划教材
Konzipiert von der Staatlichen Leitungsgruppe für Chinesisch als Fremdsprache

Das neue Praktische Chinesisch

Lehrbuch

新实用汉语课本

3

主编：刘 珣
编者：张 凯　刘社会　陈 曦
　　　左珊丹　施家炜　刘 珣

德文翻译：Katrin Buchta

北京语言大学出版社
BEIJING LANGUAGE AND CULTURE UNIVERSITY PRESS

华瑞图书网
chinabooks.ch

Der Titel der Originalausgabe lautet：
New Practical Chinese Reader
Textbook 3
（Xin Shiyong Hanyu Keben - Di-san ce - 新实用汉语课本 第三册）

（1．Auflage 2003）
（Herausgeber：Liu Xun）
（Autorenteam：Zhang Kai，Liu Shehui，Chen Xi，Zuo Shandan，Shi Jiawei，Liu Xun）
（Aus dem Chinesischen und Englischen übersetzt von Buchta，Katrin）

Chinabooks E. Wolf，Haldenstrasse 43，CH－8045 Zürich，Schweiz，1．Auflage 2012

Tel.：0041 （0）43 540 40 77
Email：bestellen@chinabooks.ch
http：//www.chinabooks.ch

Printed in China
ISBN 978－3－905816－39－6

Buch ohne CDs：CHF 22. 30（unverbindliche Preisempfehlung）

目　录

Inhaltsverzeichnis

Wenn wir an einem Ort mit einer anderen Kultur als der eigenen leben, dann sind wir mit den lokalen Gewohnheiten vielleicht nicht vertraut. Dasselbe gilt für die lokale Bevölkerung und unsere Kultur. Wie gehen wir mit diesen kulturellen Unterschieden um? Lesen Sie das folgende Gespräch zwischen unseren Hauptpersonen in einem Teehaus.

第二十七课 Lektion 27

入乡随俗

一. 课文 Texte

(一)

服务员：几位来点儿什么？[1]

陆雨平：来一壶茶，再来一些点心。

服务员：好的，请稍等。

陆雨平：这就是我常说的老茶馆。今天我把你们带到茶馆来，你们可以了解一下我们这儿的风俗。

马大为：茶馆里人不少，真热闹。

林　娜：他们说话的声音太大了。

服务员：茶—来—了！您几位请慢用。[2]

马大为：我们正在说声音大，这位服务员的声音更大。

王小云：茶馆就是最热闹的地方。有的人还把舞台搬进茶馆来了，在茶馆里唱戏，比这儿还热闹呢。

林　娜：我觉得，在公共场所说话的声音应该小一点儿。来中国以后，我发现在不少饭馆、商店或者车站，人们说话的声音都很大。说实在的，我真有点儿不习惯。

【表示看法】
Seine Meinung äußern

王小云：到茶馆来的人都喜欢热闹。大家一边喝茶，一边聊天，聊得高兴的时候，说话的声音就会越来越大。喜欢安静的人不会到茶馆来。他们常常到别的地方去，比如去咖啡馆。[3]

陆雨平：林娜说得对。在公共场所，有的人说话的声音太大了。

王小云：我想在这儿聊一会儿天，可是你们都觉得这儿太闹。好，咱们走吧。前边有一个公园，那儿人不多。咱们到那个公园去散散步。

马大为：好的，咱们一边散步，一边聊天。

生词 Neue Vokabeln

1. 入乡随俗	R	rù xiāng suí sú	sich den lokalen Gegebenheiten anpassen
入	V	rù	eintreten, betreten
乡	N	xiāng	Heimat; Dorf
随	V	suí	jm. (in etw.) folgen
俗	N	sú	Gebräuche, Sitten

2. 服务员	N	fúwùyuán	Personal, Bedienung
服务	V	fúwù	jn. bedienen, etw. servieren
3. 壶	N/ZEW	hú	Kanne, Kessel, Krug 茶壶,酒壶,咖啡壶,一壶茶,一壶水
4. 点心	N	diǎnxin	leichter Imbiss; Gebäck und Kuchen 一些点心,一斤点心,一种点心,一块点心
5. 稍	Adv	shāo	etwas, ein bisschen 请稍等,稍等一下,稍大一点儿
6. 茶馆	N	cháguǎn	Teehaus 老茶馆,新茶馆
7. 了解	V	liǎojiě	jn./etw. kennen; sich über jn./etw. informieren 了解情况,了解学生,了解中国,向他了解
8. 风俗	N	fēngsú	Brauchtum 了解风俗,这儿的风俗,一样的风俗,不同的风俗
9. 热闹	Adj/V	rènao	lebhaft, rege; es ist viel los, Stimmung machen 热闹的地方,很热闹,喜欢热闹
闹	Adj/V	nào	lebhaft, laut 太闹
10. 说话	VO	shuōhuà	etw. sagen, reden 说什么话,说很多话,说一会儿话
11. 声音	N	shēngyīn	Klang, Ton, Stimme 说话的声音, 演奏的声音,他的声音,声音很大
声	N	shēng	Geräusch, Laut, Ton 大声,小声,轻声
12. 更	Adv	gèng	noch (+Komparativ) 更热闹,更可爱,更方便,更倒霉,更坏,更了解,更要,更放心,更注意,更觉得
13. 最	Adv	zuì	meist– 最热闹,最有名,最辛苦,最便宜,最难,最喜欢,最想,最习惯,最着急,最感兴趣

14. 舞台	N	wǔtái	Bühne　京剧舞台，越剧舞台，在舞台上唱，在舞台上演奏
舞	N	wǔ	Tanz
台	N	tái	Tribüne, Plattform, Bühne
15. 搬	V	bān	etw. her-/wegschaffen; umziehen　搬东西，搬家，搬到这儿，搬进茶馆
16. 场所	N	chǎngsuǒ	Ort, Stätte　公共场所，学习场所
17. 发现	V	fāxiàn	etw. herausfinden, entdecken　发现问题，发现一件事儿
18. 一边……一边……		yìbiān……yìbiān……	gleichzeitig, unterdessen　一边喝茶一边看书
19. 聊天	VO	liáotiān	plaudern, schwatzen　跟朋友聊天，喜欢聊天，聊一会儿天，聊什么天
20. 安静	Adj	ānjìng	still, ruhig　喜欢安静，安静的地方，更安静，最安静
静	Adj	jìng	still, ruhig
21. 比如	V	bǐrú	beispielsweise, ein Beispiel geben
22. 咖啡馆	N	kāfēiguǎn	Café

(二)

丁力波：我们把自己的看法说出来，你们会不高兴吗？

陆雨平：当然不会。我们常跟外国朋友在一起，知道不同国家的人有不同的习惯。对我们来说，这很正常。④

【举例说明】
Ein Beispiel geben

丁力波：不了解外国文化的人会怎么想呢？

王小云：有些事儿他们会觉得很不习惯，比如说，中国人吃饭用筷子，西方人吃饭用刀叉。西方人把食物放在自己的盘子里，把大块切成小块，再把它送到嘴里。如果手指上有点儿食物，就舔手指，有的中国人看了也很不习惯。

马大为：用刀叉吃饭，把手指上的食物舔干净，那是我们的好习惯。力波，你说是不是？

丁力波：是啊。我们从小到大都这样做。⑤

王小云：可是在我们这儿，吃饭的时候舔手指不是好习惯。

陆雨平：我看应该“入乡随俗”。⑥我们在国外的公共场所说话的声音要小一点儿；你们到中国人家里吃饭也不一定要舔手指。

丁力波：对，我就是“入乡随俗”：吃中餐的时候，我用筷子；吃西餐的时候，我用刀子、叉子。我觉得都很好。我爸爸妈妈他们也都是这样。

王小云：力波，把“入乡随俗”翻译成英语，该怎么说？

生词 Neue Vokabeln

1. 看法	N	kànfǎ	(An)Sicht, Anschauung　自己的看法，大家的看法，对茶馆的看法，一种看法，有看法，看法不同
2. 正常	Adj	zhèngcháng	normal, regulär　正常的看法，正常的习惯，情况很正常
3. 筷子	N	kuàizi	Essstäbchen　用筷子吃饭，会用筷子，一双(shuāng)筷子
4. 刀叉	N	dāochā	Messer und Gabel　用刀叉吃饭，习惯用刀叉，一副(fù)刀叉

刀(子)	N	dāo(zi)	Messer
叉(子)	N	chā(zi)	Gabel
5. 食物	N	shíwù	Essen, Nahrung, Speise 买食物，拿食物，把食物放在桌上
食	V	shí	etw. essen
物	N	wù	Ding, Sache
6. 块	ZEW	kuài	Stück, Block, Tafel 两块蛋糕，一小块苹果，一大块羊肉，一块点心
7. 盘子	N	pánzi	Platte, Teller, Tablett 新盘子，脏盘子，把食物放在盘子里
盘	ZEW	pán	Platte, Teller 一盘菜，一盘点心
8. 切	V	qiē	etw. klein schneiden, zuschneiden 切蛋糕，切苹果，切羊肉，把食物切成小块
9. 嘴	N	zuǐ	Mund 送到嘴里，吃到嘴里，一张嘴
10. 手指	N	shǒuzhǐ	Finger 用手指，一个手指
手	N	shǒu	Hand
11. 舔	V	tiǎn	etw. (be)lecken 舔食物，舔手指
12. 干净	Adj	gānjìng	sauber 更干净，最干净，干净的衣服，干净的刀叉，干净的盘子，洗干净，舔干净
13. 这样	Pr	zhèyàng	so, auf diese Art 这样做，这样写，这样切，这样干净，这样的照相机
14. 西餐	N	xīcān	westliches Essen 吃西餐，对西餐感兴趣

补充生词 Zusätzliche Vokabeln

1. 敬	V	jìng	jn. etw. (zum Genuss) anbieten
2. 香	Adj	xiāng	duftend, aromatisch
3. 寺庙	N	sìmiào	Tempel
4. 和尚	N	héshang	buddhistischer Mönch
5. 书法家	N	shūfǎjiā	Kalligraf
6. 胸	N	xiōng	Brust(korb)
7. 阿弥陀佛	R	Ēmítuófó	Allmächtiger Buddha
8. 宋代	EN	Sòngdài	Song Dynastie
9. 苏东坡	EN	Sū Dōngpō	Su Dongpo (berühmter Dichter der Song Dynastie)

二. 注释 Anmerkungen

① 儿位来点儿什么？

Was möchten Sie bestellen?

"儿位" (einige) steht für eine geschätzte Personenzahl.

Das Verb "来" wird in der gesprochenen Sprache anstelle eines Verbs mit spezifischerer Bedeutung verwendet. Die Konstruktion "来+NP (Handlungsempfänger)", bei der "来" Verben wie "要" oder "买" ersetzt, wird häufig verwendet, um nach den Bedürfnissen oder Wünschen von jemandem zu fragen. Zum Beispiel: "您来点什么" (mit der Bedeutung "您要点儿什么"), "来一壶茶" (mit der Bedeutung "要一壶茶"), "来一斤蛋糕" (mit der Bedeutung "买一斤蛋糕").

② 您儿位请慢用。

Lassen Sie es sich schmecken.

In der Wendung "您+ZW+位" ersetzt "您" "你 "("您们" wird in der gesprochenen

Sprache nicht verwendet) .

"用" in "请慢用" ist die höfliche Form von Verben wie "吃" oder "喝" und wird verwendet, um Höflichkeit und Respekt zum Ausdruck zu bringen. Zum Beispiel：请用茶，请用饭，请用菜，请用咖啡.

③ 他们常常到别的地方去，比如去咖啡馆。

Sie gehen oft woanders hin, zum Beispiel ins Café.

Das Verb "比如"(in der gesprochenen Sprache auch "比如说") wird vom Sprecher verwendet, um ein Beispiel anzuführen. Es steht normalerweise am Ende eines Satzes, kann aber auch in der Mitte stehen. Zum Beispiel

他很喜欢吃中国菜，比如说烤鸭、涮羊肉。

有些公共场所，比如饭馆、车站，人们说话的声音太大，她很不习惯。

④ 对我们来说，这很正常。

Für uns ist das ganz normal.

"对+N+来说" wird verwendet, um eine relativ objektive Einschätzung von jemandes Standpunkt aus vorzunehmen. Es steht normalerweise am Satzanfang. Zum Beispiel

对丁力波来说，用筷子吃饭很容易。

对语言课本来说，课文和生词是主要的。

⑤ 我们从小到大都这样做。

Wir machen das so seit unserer Kindheit.

"从小到大" bedeutet seit der Kindheit.

⑥ 我看应该"入乡随俗"。

Meiner Meinung nach sollte man sich den örtlichen Gepflogenheiten anpassen.

"看" in "看来" ist von der Bedeutung ähnlich wie "想" oder "觉得" und bringt eine Meinung zum Ausdruck. Zum Beispiel

我看现在就走。

我看他今天不会来。

三. 练习与运用 Übungen und Anwendung

Schlüsselsätze

1. 今天我把你们带到茶馆来。
2. 大家一边喝茶，一边聊天。
3. 茶馆就是最热闹的地方。
4. 这位服务员的声音更大。
5. 对我们来说，这很正常。
6. 西方人把食物放在自己的盘子里。
7. 他把大块切成小块，再把它送到嘴里。
8. 把“入乡随俗”翻译成英语，该怎么说？
9. 他们常常到别的地方去，比如去咖啡馆。
10. 咱们到那个公园去散散步。

1. 熟读下列短语 Lesen Sie die folgenden Wortgruppen und prägen Sie sie sich ein.

(1) 来一壶茶　来一瓶葡萄酒　来一盘点心　来一份蛋糕
来一个烤鸭　来一个涮羊肉　来一盘大虾　来一个蔬菜

(2) 把包裹寄到美国去　把汽车开到学校来　把病人送到医院
把桌子搬到宿舍里　把蔬菜拿到厨房去　把信寄到广州

(3) 把衣服放在座位上　把车停在邮局前边　把刀叉抓在手里
把生词记在本子上　把练习写在纸上　把书丢在汽车上了

(4) 把丝绸做成旗袍　把香蕉切成小块
把中文翻译成英文　把英镑换成人民币　把“花儿”念成“画儿”

(5) 游一会儿泳　化一会儿妆　散一会儿步　聊一会儿天　帮一会儿忙
游游泳　化化妆　散散步　聊聊天　帮帮忙
游了游泳　化了化妆　散了散步　聊了聊天　帮了帮忙

(6) 生活更方便　　工作更辛苦　　公园更安静　　张三更高
白车更漂亮　　跑得更快　　做得更不好　　写得更认真
了解得更多　　发现得更早　　声音最大　　学习最努力
服务最不热情　　变化最多　　时间最短　　提高得最快
管理得最好　　发展得最慢　　搬得最重　　切得最小

2. 句型替换 Substitutionsübungen

(1) 你把你朋友带到哪儿去了？
我把我朋友带到王府井去了。

这本词典	寄	西安
车	开	博物馆
桌子	搬	楼上
那个小孩	送	他家里
花	拿	温室

(2) 把衣服放在哪儿？
把衣服放在床上吧。

筷子	放	右边
自行车	放	楼下
问题	记	电脑里
今天的汉字	写	纸上
汽车	停	宿舍前边

(3) 要把生日蛋糕切成小块吗？
要切成小块。

刚买的布	做	衬衫
这篇课文	翻译	英语
听到的事儿	写	文章
人民币	换	英镑
这个地方	发展	城市

(4) 这家咖啡馆比那家更安静。
我看公园旁边的那家最安静。

黑车	红车	漂亮	白车
饭馆	咖啡馆	热闹	茶馆
这位服务员	那位	热情	我们学校的服务员
这个词	那个	正式	老师教的

(5) 他们在做什么？

他们一边散步，一边聊天。

洗衣服	听音乐
骑着自行车	说着、笑着
化妆	开玩笑
举办展览	卖画儿

(6) 对我来说，不同的国家有不同的习惯，这很正常。

有些人	在茶馆里说话的声音大
马大为他们	把手指上的食物舔干净
学生	有时候写错汉字
老师	有的问题不能回答

3. 课堂活动 Aktivitäten im Seminarraum

Ein Student stellt Fragen wie zum Beispiel "在什么在方看书最好？" und "星期六的晚上你喜欢做什么？". Die anderen Studenten äußern ihre Meinung und verwenden dabei Wendungen wie "我觉得", "我看", "我发现", "对我来说", "比如说".

4. 会话练习 Dialogübungen

Idiomatische Wendungen im Gespräch

我看 (Meiner Meinung nach; Ich denke ...)

对我来说 (Für mich...)

比如说 (Zum Beispiel...)

你说是不是 (Was meinst du dazu?)

[表示看法 Seine Meinung äußern]

(1) A：你觉得这儿的茶馆怎么样？

B：我觉得不错。几个朋友在一起喝喝茶、聊聊天，有时候还可以听听相声（xiàngsheng, komischer Dialog）、看看京剧，很有意思。

C：可是，我发现这些场所人们说话的声音太大，不安静。

A：茶馆就是热闹的地方。人们说话的声音大，大家也都习惯了。特别是年轻人聊天聊得高兴的时候，声音就越来越大了。

C：对我来说，公共场所应该安静点儿，说话的声音要小一点儿。这样闹的地方，我觉得不舒服。

A：你的看法很对，我也是这样想的。听说一些新茶馆，比如老舍(Lǎo Shě) 茶馆，就很安静。

(2) A：你喜欢喝茶还是喝咖啡？

B：来中国以前我喜欢喝咖啡，现在入乡随俗，我也习惯喝茶了。中国人更喜欢喝茶，是不是？

A：可以这么说。中国人爱喝茶的多。对我们来说，茶不但是一种饮料（yǐnliào, Getränk)，而且也是一种中药。

B：你说中药？你们把茶当成药？

A：是啊。我们觉得喝茶对身体很好。比如说，你吃得太多，觉得不舒服，喝点茶就好多了。

B：我看喝咖啡对身体也不错。你觉得太累的时候，喝点咖啡就能更好地工作了。

[举例说明 Ein Beispiel geben]

A：来这儿以前，你了解中国文化吗？

B：了解一点儿。我是学中文的，对中国文化很感兴趣。比如说，我喜欢吃中餐、看中国电影、听中国民乐、参观中国画展览。你是什么时候注意西方文化的？

A：我考上英语系以后，就开始学习西方文学。我们这儿每天都能看到西方电影，图书馆也有很多西方的书。我特别爱看英文小说。当然，要真正了解西方文化，还应该到你们国家去看一看。

5. 看图说话 Beschreiben Sie die Bilder

(1)

把……成……片儿(piànr, Scheibe)

把……在……

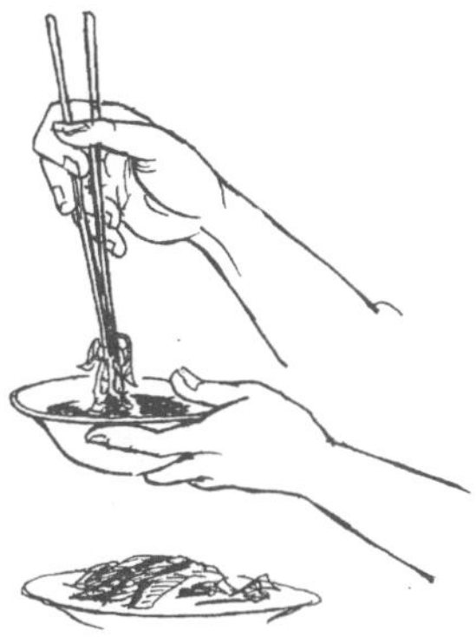

把……蘸(zhàn, eintunken)上……

把……到……

(2)

把……在……

把……成……

把……在……

把……到……

6. 交际练习 Konversationsübungen

(1) Bei Reisen im Ausland sind Ihnen sicher andere Sitten und Gebräuche als in Ihrem Heimatland aufgefallen. Beschreiben und kommentieren Sie sie.

(2) Beschreiben Sie, was passierte, als Sie versuchten sich den lokalen Gepflogenheiten anzupassen.

Schreiben Sie danach das Gesagte auf.

四. 阅读和复述 Leseverständnis und Nacherzählung

敬 香 茶

宋代大文学家苏东坡，常常一个人出去旅行。他特别喜欢参观寺庙。有一天，他走进一座寺庙。庙里的老和尚看了看进来的这个人，觉得他好像是教小孩的老师，是一个很普通的人，就坐着没动，只说了一个字，“坐。”他又指了指小桌子上的茶壶，说：“茶。”

苏东坡笑了笑，就坐在小桌旁边。他小声地问了老和尚一些问题，老和尚发现这位先生知道的东西很多，就站起来热情地说：“请坐！”又对小和尚说，“敬茶！”

老和尚问苏东坡：“请问，您贵姓？”苏东坡说出了自己的名字。老和尚没想到，这位先生就是大文学家苏东坡，他马上把苏东坡请到大桌子前边，很客气地说：“请上座！”而且还大声地对小和尚说：“快！快！敬香茶！”苏东坡笑着说：“不客气！”

老和尚知道，苏东坡不但是一位大文学家，而且还是一位大书法家。他想，如果请苏东坡给寺庙写一幅字，他们的寺庙就会更有名，这是一件大好事儿。想到这儿，他马上去房子里拿出一大张纸来，把它放在桌子上，再把两手放到胸前，嘴里说：“阿弥陀佛！阿弥陀佛！我想请您给我们写一幅字。”

苏东坡站起来，想了想，说："可以。"他就把老和尚刚才说的话写在纸上：

"坐，请坐，请上坐。

茶，敬茶，敬香茶。"

老和尚站在旁边一边看，一边念。念完这十二个字，他的脸红了。

五. 语法 Grammatik

1. "把"字句(3) Der "把"–Satz (3)

Der "把"–Satz in dieser Lektion enthält Ergebniskomplemente wie z. B. "到", "在" und "成" hinter dem Prädikatsverb. Sätze dieser Art werden verwendet, um auszudrücken, dass im Ergebnis einer Handlung etwas (oder jemand) die Position oder den Status geändert hat.

$$S + 把 + O_{把} + V + 到/在/成 + O$$

Subjekt	***Prädikat***				
	"把"	**O把**	**V**	**到 / 在 / 成**	**O**
我	把	你们	带	到	这儿。
陆雨平	把	汽车	开	到	宿舍楼前边。
西方人	把	食物	放	在	自己的盘子里。
丁力波	把	这些汉字	写	在	本子上。
他们	把	大块食物	切	成	小块。
他	把	这个词	翻译	成	英文。

Hinweis: Sätze dieser Art, die ausdrücken, dass im Ergebnis einer Handlung etwas (oder jemand) die Position oder den Status geändert hat, werden gewöhnlich nur mit der "把"–Konstruktion gebildet. Folgende Sätze können nicht gebildet werden: ⊗"陆雨平开汽车到宿舍楼前边。" ⊗"西方人放食物在自己的盘子里。" ⊗"他翻译这个词成英文。"

2. 副词"更"、"最"表示比较 Die Adverbien "更" und "最" zum Ausdruck eines Vergleichs

Das Adverb "更" steht als Adverbialbestimmung vor einem Adjektiv, Modalverb oder einem Verb, das einen emotionalen Zustand zum Ausdruck bringt. Es drückt einen Vergleich zwischen zwei unterschiedlichen Dingen oder Phasen einer Sache aus. Zum Beispiel

他比我更会游泳。(im Vergleich zu mir)

这位服务员的声音更大。(im Vergleich zu den anderen im Teehaus)

他现在更不想回家了。(im Vergleich zur vorherigen Situation)

Das Adverb "最" wird in Vergleichen zum Ausdruck des Superlativs verwendet. Es steht als Adverbialbestimmung vor einem Adjektiv, Modalverb oder einem Verb, das einen emotionalen Zustand zum Ausdruck bringt. Zum Beispiel

茶馆就是最热闹的地方。

我们年级有三个系,我们系的学生最多。

在他们几个人中,丁力波的汉字写得最漂亮。

马大为最爱听中国民乐。

3. 离合词 Trennbare zweisilbige Verben

Einige zweisilbige Verben im Chinesischen sind trennbar, andere Elemente können dazwischen eingefügt werden. Diese Verben werden als trennbare Verben bezeichnet. Die Mehrzahl dieser Verben hat die Struktur "V+O", wie "游泳,吃饭,起床,睡觉,开学,上课,发烧,看病,住院,开车,打的,罚款,过期,排队,化妆", die Sie bereits kennengelernt haben sowie "说话、聊天" aus dieser Lektion.

他没有游过泳。

老师说了很长时间的话。

他在银行排了两次队。

我想在这儿聊一会儿天。

Hinweise: (1) Trennbare Verben haben keine Objekte. Man kann also nicht sagen: ⊗"我朋友帮忙我。"

(2) Komplemente der Zeitdauer oder Häufigkeit können nur zwischen den beiden Bestandteilen des trennbaren Verbs stehen, niemals dahinter. Man kann also nicht sagen: ⊗"老师说话了很长时间。"⊗"他在银行排队了两次。"

Die verdoppelte Form von trennbaren "V+O"-Verben lautet "AAB", "A 一 AB", oder "A 了 AB". Zum Beispiel "散散步,聊一聊天,游了游泳".

4. "一边……,一边……" Die Konstruktion "一边…,一边…"

"一边…,一边…" (während, zugleich) steht vor Verben, um auszudrücken, dass zwei oder mehr Handlungen gleichzeitig stattfinden. Zum Beispiel

咱们一边散步,一边聊天。

王小云一边看小说,一边听音乐。

六. 字与词 Chinesische Schriftzeichen und Wörter

构词法 Wortbildungsmethoden

Wörter im modernen Chinesisch können in einfache und zusammengesetzte Wörter unterteilt werden. Einfache Wörter bestehen aus einem Morphem (in der Regel ein Schriftzeichen). Zusammengesetzte Wörter bestehen aus zwei oder mehreren Morphemen. Für das Verständnis von Wortbedeutungen und das Erlernen neuer Wörter ist die Kenntnis der Bildungsmethoden von zusammengesetzten Wörtern sehr hilfreich.

构词法(1): 联合式 Wortbildungsmethoden (1): Verbindung

Zusammengesetzte Wörter, die durch Verbindung gebildet werden, haben eine der folgenden Formen: "N+N" (Z.B. 声音); "A+A" (Z.B. 多少) und "V+V" (Z.B. 考试). Nach der Bedeutung der Komponenten können folgende Typen unterschieden werden:

A. Wörter, die aus Komponenten mit gleicher oder ähnlicher Bedeutung bestehen: 帮+助→帮助. Zum Beispiel

休息　考试　聚会　管理　声音　语言

B. Wörter, die aus Komponenten mit gegensätzlicher Bedeutung bestehen: 东+西→东西. Zum Beispiel

多少　没有　买卖　国家　左右　大小

C. Wörter, die aus Komponenten bestehen, die bedeutungsverwandt sind: 优+美→优美. Zum Beispiel

安静　刀叉　学习　锻炼　教练　种类

Ding Libo und seine Freunde haben zum ersten Mal zusammen mit chinesischen Freunden das Mondfest gefeiert. Sie haben Mondkuchen gegessen und sich zusammen den Mond angeschaut. Sie haben sich auch gegenseitig kleine Geschenke gemacht. Sollten die Geschenke gleich geöffnet und bewundert werden? Einmal mehr haben sie Unterschiede zwischen ihren kulturellen Konventionen festgestellt.

第二十八课 Lektion 28

礼轻情意重

一. 课文 Texte

(一)

陆雨平：今天是中秋节①，中国人喜欢全家在一起过这个节日。今天，我们也一起过。

马大为：谢谢你，雨平。今天我们可以了解一下中国人是怎么过中秋节的。中秋节有春节那么热闹吗？

【比较】
Vergleich

宋　华：中秋节虽然没有春节热闹，但是它也是一个重要的节日。

王小云：我们准备了中秋月饼、水果、茶、啤酒，咱们一边吃月饼，一边赏月，怎么样？

丁力波：好啊！对了，我们还有一些小礼物要送给你们。

陆雨平：我们也要送给你们一些小礼物。

宋　华：我先来吧。力波，这是我给你的小纪念品，希望你喜欢。

丁力波：啊，是毛笔，文房四宝之一，[2] 还是名牌的呢！[3] 这哪儿是小纪念品？这是一件大礼物。我要把它放在我的桌子上，每天都能看到它。

陆雨平：你不是喜欢中国书法吗？用了名牌毛笔，你的字一定会写得更好。

【馈赠与称赞】
Geschenke übergeben und sich bedanken

王小云：林娜，我给你带来了一件小礼物。你看看喜欢不喜欢。

林　娜：一条围巾，是中国丝绸的！太漂亮了！

丁力波：漂亮的林娜，戴上这条漂亮的围巾，就更漂亮了。

林　娜：是吗？我哪儿有你说的那么漂亮？小云，真谢谢你！对我来说，这是最好的礼物。

陆雨平：我没有更好的礼物送给大为，我知道他喜欢中国音乐，就送他一套音乐光盘。

马大为：你们看，我收到的礼物最好了，一套音乐光盘，是中国民乐！谢谢。

陆雨平：不客气，一点儿小意思。[4]

丁力波：该我们了吧？我们也有一些礼物送给你们，这是给宋华的。

宋　华：谢谢！

马大为：雨平，这是给你的。

陆雨平：非常感谢！

林　娜：小云，看看我给你的礼物。

王小云：谢谢你！

宋　华：大家都送完礼物了，我看，咱们该吃月饼了！

陆雨平：祝大家中秋快乐！干杯！

大　家：干杯！

王小云：快来看，月亮上来了。今天的月亮多美啊！

生词 Neue Vokabeln

1. 礼轻情意重	R	lǐ qīng qíngyì zhòng	Der Gedanke zählt, nicht das Geschenk.
轻	Adj	qīng	leicht
情意	N	qíngyì	Zuneigung, Freundschaft
2. 节日	N	jiérì	Fest　过这个节日，重要的节日
3. 准备	V	zhǔnbèi	etw. planen, vorbereiten　准备礼物，准备西餐，准备考试，准备旅行
4. 月饼	N	yuèbǐng	Mondkuchen　中秋月饼，准备月饼，月饼，一个月饼，一块月饼
饼	N	bǐng	Kuchen
5. 水果	N	shuǐguǒ	Obst　便宜的水果，坏水果，一斤水果，一种水果，水果的种类
6. 啤酒	N	píjiǔ	Bier　喝啤酒，两瓶啤酒

7. 赏	V	shǎng	bewundern, genießen 赏月,赏花,陪朋友赏花
8. 纪念品	N	jìniànpǐn	Souvenir 送纪念品,买纪念品,小纪念品
纪念	V	jìniàn	gedenken an
品	Suf	pǐn	Produkt
9. 希望	V/N	xīwàng	hoffen / Hoffnung 希望你喜欢;有希望,希望很大
10. 毛笔	N	máobǐ	(Schreib)Pinsel 用毛笔写字,用毛笔画画儿
毛	N	máo	Haar; Feder, Daune
11. 文房四宝	R	wénfáng sìbǎo	die vier Schätze des Gelehrtenzimmers
宝	N	bǎo	Schatz
12. ……之一		……zhīyī	eine (–r, –s) von 文房四宝之一,有名的教授之一
13. 名牌	N	míngpái	bekannte Marke 名牌毛笔,名牌衣服,名牌照相机
牌(子)	N	pái(zi)	Marke 什么牌子,牌子很有名
14. 书法	N	shūfǎ	Kalligrafie 汉字书法,喜欢书法
15. 围巾	N	wéijīn	Halstuch, Schal 丝绸围巾,漂亮的围巾,白围巾,名牌围巾,一条围巾
围	V	wéi	umgeben, einkreisen
巾	N	jīn	ein Stück Stoff (z. B. Handtuch, Schal, Taschentuch)
16. 戴	V	dài	tragen, anziehen 戴围巾
17. 那么	Pr	nàme	so 那么漂亮,那么热闹, 那么安静,那么干净
18. 收	V	shōu	annehmen, entgegennehmen 收礼物,收信,收到明信片,收到他寄的书

19. 小意思	R	xiǎoyìsi	nur eine Kleinigkeit	一点儿小意思
20. 干杯	VO	gānbēi	Zum Wohl! Prost!	请大家干杯
干	Adj	gān	trocken	
杯(子)	N	bēi(zi)	Glas, Tasse	
21. 月亮	N	yuèliang	Mond	月亮上来了
21. 中秋节	EN	Zhōngqiū Jié	Mondfest	过中秋节
22. 春节	EN	Chūn Jié	Frühlingsfest, Chinesisches Neujahr	春节快乐

(二)

马大为：我们第一次过中国的中秋节，又收到了那么好的礼物，大家都很高兴。不过，我有个问题想问问你。⑤

宋　华：什么问题？

马大为：我们收到礼物，就马上把它打开，看看是什么。你们拿到礼物以后，只看看外边，不打开，好像没有我们那么想知道里边是什么。这是为什么？

宋　华：我先问你，收到礼物的时候，你们为什么要马上打开看呢？

马大为：我们把礼物打开看，称赞礼物，表示感谢，这是尊重送礼物的人。当然，也希望自己能得到一种惊喜。你们的习惯我就不懂了，你们不喜欢别人给你们礼物吗？

王小云：当然不是。朋友送的礼物怎么会不喜欢呢？我们收到朋友的礼物，一般不马上打开看，这也是尊重

【反诘】
(Erwiderung)

送礼物的人。我们觉得送什么礼物不重要。人们常说“礼轻情意重”，重要的是友谊。

马大为：是这样！⑥ 说真的，那天你们没有打开，我们还有点儿担心呢。

【担心】
(sich Sorgen machen)

王小云：担心什么？

马大为：担心你们不喜欢我们的礼物。

宋　华：你说到哪儿去了。⑦ 你们送的礼物都很好。比如说，丁力波送的加拿大糖，不是很有特色吗？我们都很喜欢。

丁力波：你们都很喜欢，我太高兴了。

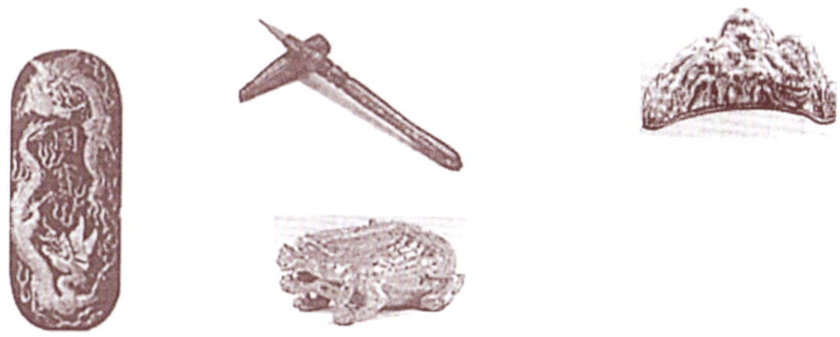

生词 Neue Vokabeln

1. 不过	Konj	búguò	aber, nur
2. 称赞	V	chēngzàn	loben, bewundern　称赞礼物，称赞林娜
3. 表示	V/N	biǎoshì	zeigen, ausdrücken; Ausdruck　表示喜欢，表示感兴趣，表示放心；热情的表示，正常的表示
4. 感谢	V	gǎnxiè	danken　感谢朋友，感谢你的帮助，非常感谢，表示感谢
5. 尊重	V	zūnzhòng	wertschätzen, respektieren　尊重老师，尊重送礼的人，尊重这儿的风俗，尊重他们的习惯，尊重他的看法，表示尊重
6. 得到	V	dédào	erhalten, bekommen　得到礼物，得到纪念品，得到帮助，得到称赞，得到尊重

7. 惊喜	N	jīngxǐ	freudige Überraschung　得到惊喜,给他一个惊喜
惊	V	jīng	überraschen
喜	V	xǐ	fröhlich sein
8. 别人	Pr	biéren	andere　告诉别人,感谢别人,尊重别人,别人的帮助,别人的礼物
9. 一般	Adj	yìbān	normalerweise, gewöhnlich　一般的问题,一般的看法,一般的小说,一般的演员,一般的朋友,一般觉得,一般喜欢……
10. 重要	Adj	zhòngyào	wichtig　重要的场所,重要的发现,重要的特点,重要的看法,重要的生词
11. 友谊	N	yǒuyì	Freundschaft　重要的是友谊,我们的友谊
12. 担心	V	dānxīn	sich Sorgen machen　担心什么,担心天气,担心太闹,担心你们不喜欢,有点儿担心
13. 糖	N	táng	Süßigkeiten　糖块,白糖,红糖,放不放糖,放一点儿糖
14. 特色	N	tèsè	Besonderheit　(没)有特色,南方特色,农村特色,中国特色

补充生词 Zusätzliche Vokabeln

1. 嫦娥奔月	R	Cháng'é bèn yuè	Chang'e fliegt zum Mond
嫦娥	EN	Cháng'é	Mondgöttin Chang'e
2. 唐朝	N	Tángcháo	Tang-Dynastie
3. 古代	N	gǔdài	Altertum
4. 神话	N	shénhuà	Mythos
5. 月宫	N	yuègōng	Mondpalast
6. 仙女	N	xiānnǚ	Elfe, Fee

7. 原来	N	yuánlái	ursprünglich
8. 人间	N	rénjiān	weltlich
9. 闻	V	wén	riechen
10. 皇宫	N	huánggōng	Palast
11. 醒	V	xǐng	erwachen, aufwachen
12. 团聚	V	tuánjù	zusammen kommen; wieder vereinen
13. 唐明皇	EN	Táng Mínghuáng	Kaiser Tangminghuang (Tang–Kaiser)

二. 注释 Anmerkungen

① 今天是中秋节。

Heute ist Mondfest.

Siehe die Erläuterungen zum Mondfest und Frühlingsfest in Lektion 20.

② 啊,是毛笔,文房四宝之一。

Ah, das ist ein Schreibpinsel, einer der vier Schätze des Gelehrtenzimmers.

"文房" ist ein Arbeitszimmer. In früheren Zeiten wurden Pinsel, Tusche, Papier und Tuschestein als die vier Schätze des Gelehrtenzimmers betrachtet.

"之" in "之一" ist eine Strukturpartikel aus dem klassischen Chinesisch. Ihre Verwendung ähnelt der von "的" im modernen Chinesisch. Zum Beispiel 有名的画家之一,中国名牌之一,学习最好的学生之一,要回答的问题之一.

③ 还是名牌的呢!

Es ist sogar ein Markenprodukt!

Das Adverb "还" (4) wird verwendet, um etwas Unerwartetes auszudrücken. Es bedeutet "sogar". Zusammen mit "呢" verwendet, gibt es der Aussage einen überraschten, übertriebenen Tonfall. Zum Beispiel

他的小女儿还会唱越剧呢！

月饼上还有画儿呢！

④ 不客气，一点儿小意思。

Keine Ursache. Es ist nur eine kleine Aufmerksamkeit.

“小意思” bedeutet “nur eine kleine Aufmerksamkeit.” Das ist eine höfliche Wendung, die verwendet wird, wenn man ein Geschenk übergibt.

⑤ 不过，我有个问题想问问你。

Aber ich habe noch eine Frage an dich.

“不过” ist eine Konjunktion, die eine Wendung im Gespräch zum Ausdruck bringt und Sätze verbindet. Sie wird häufig verwendet, um das Vorangehende zu ergänzen oder zu modifizieren. Durch das Komma danach entsteht eine kurze Sprechpause. Durch “不过” entsteht ein sanfterer Übergang als bei “但是” oder “可是”. Es wird meist in der gesprochenen Sprache verwendet. Zum Beispiel

昨天大家都玩儿得很好。不过，我有个问题想问问你。

好像要下大雨，不过不会马上下。

他很喜欢玩儿，不过，学习还可以。

⑥ 是这样！

Ach so ist das!

“是这样” mit der Betonung auf “这样”, bringt zum Ausdruck, dass etwas verstanden wurde. Zum Beispiel

A：林娜怎么会被撞伤呢？

B：林娜骑自行车往右拐的时候没有注意，撞到了停在路边的车上。

A：是这样！

⑦ 你说到哪儿去了。

Was sagst du denn da!

Das ist eine höfliche Zurückweisung der Meinung von jemandem. Zum Beispiel

A：昨天我没有来，你们不会不高兴吧？

B：你说到哪儿去了。我们知道你很忙。

三. 练习与运用 Übungen und Anwendung

Schlüsselsätze

1. 中秋节有春节那么热闹吗？
2. 中秋节没有春节热闹。
3. 我们有一些礼物送给你们。
4. 这哪儿是小纪念品？
5. 加拿大糖不是很有特色吗？
6. 朋友送的礼物怎么会不喜欢呢？
7. 林娜戴上这条漂亮的围巾就更漂亮了。
8. 我们收到礼物，就马上把它打开。
9. 是毛笔，文房四宝之一，还是名牌的呢！

1. 熟读下列短语 Lesen Sie die folgenden Wortgruppen und prägen Sie sie sich ein.

(1) 没有他弟弟高　没有那辆车漂亮　没有那个乐曲感人
没有我们辛苦　没有那套西服贵　没有现在的教练有名
没有这儿干净　没有这个小伙子帅　没有他们小区方便
没有她那么倒霉　没有他那么爱聊天　没有他们那么高兴
没有他那么担心　有没有北京这么冷　有没有这套房子大

(2) 没有我们来得早　没有林娜穿得漂亮　没有他们准备得好
没有我罚款罚得多　没有司机开车开得好　没有他看书看得多

(3) 戴上围巾　穿上旗袍　带上借书证　拿上照相机
填上职业　画上花儿　包上红纸　写上他的名字

(4) 打开书　打开电视　打开红葡萄酒　打开包裹　开开门
切开蛋糕　切开月饼　切开水果　拿开词典　搬开床
(5) 有东西吃　有衣服穿　有事情做　有纪念品送给你们
有一个问题问老师　没有报看　没有房子住
没有啤酒喝　没有自行车骑　没有西餐吃
(6) 有名的医生之一　很好的同学之一　主要的大学之一
参加比赛的学生之一　要回答的问题之一　喜欢看的小说之一
感兴趣的问题之一

2. 句型替换 Substitutionsübungen

(1) 那种笔有这种笔好吗？
那种笔有这种笔好。

他妹妹	他弟弟	高
他买的车	那辆车	漂亮
他租的房子	这套房子	大
那儿的冬天	北京这么	冷

(2) 中秋节有没有春节那么热闹？
中秋节没有春节那么热闹。

这套西服	那套西服	贵
那个乐曲	这个乐曲	感人
你们这儿	他们小区	方便
以前的教练	现在的教练	有名

(3) 我不知道怎么用毛笔写字。
你不是学过中国书法吗？

老茶馆怎么样	觉得那儿太闹
兵马俑有多大	去过西安
怎么介绍中国画	画过很多中国画
那位小姐是谁	去年见过她一次

(4) 我担心你们不喜欢我们的礼物。
朋友送的礼物，怎么会不喜欢呢？

不来参加这个聚会	你们请我们来	不参加
不习惯这儿的生活	我们已经“中国化”了	不习惯
忘了出发的时间	昨天刚刚告诉我们	忘了
觉得那儿没有意思	这么好的展览	觉得没意思

(5) 你现在忙不忙？

很忙。我有很多练习要做。

语法	复习
课文	翻译
文章	写
事儿	做
考试	准备

(6) 他戴上那条真丝围巾了没有？

没有，今天不冷。

穿	那套新西服	今天不用穿得很正式
带	借书证	他不去图书馆
拿	照相机	那儿不能拍照
写	他的名字	他说要想一想

(7) 他们让你做什么？

让我把礼物打开。

书	打
包裹	打
门	开
月饼	切
桌子	搬

(8) 你知道毛笔吗？

知道。毛笔是文房四宝之一。

中秋节	中国的几个重要节日
齐白石	中国有名的画家
“美大”	中国名牌
华山	中国有名的大山
《红楼梦》	中国有名的古典小说
《春江花月夜》	中国有名的古典乐曲

3. 课堂活动 Aktivitäten im Seminarraum

(1) Ein Student bildet einen Satz, ein anderer wandelt die Bedeutung leicht mit “不过” ab. Zum Beispiel

A：我明天不去借书了。

B：不过我还得去图书馆查查新课本。

（2）Ein Student bildet einen Satz, ein anderer ergänzt den Satz mit "还…呢" zum Ausdruck von Erstaunen und Übertreibung. Zum Beispiel

A：他在北京一年就学了很多东西。

B：他还会打太极拳呢！

4. 会话练习 Dialogübungen

Idiomatische Wendungen im Gespräch
是这样 (Das ist passiert. / So ist es.)
当然不是 (Natürlich nicht.)
这是为什么 (Warum ist das so?)
你说到哪儿去了 (Was sagst du denn da?)

[比较 Vergleich]

（1）A：我知道那种电脑是名牌的，这种电脑有那种好吗？

B：说实在的，这种电脑不一定没有那种好，而且还比那种便宜几百块钱。

A：是这样！不过我喜欢名牌。我觉得买名牌的好。

（2）A：我想做一件旗袍，要做真丝的。

B：好，我给你量一量（liáng, messen）。

A：这件旗袍不是给我做的，是给我姐姐做的。

B：你姐姐有没有你这么高？

A：她没有我高，她比我矮（ǎi, klein）两公分。我的衣服她也能穿。

B：好了，一个星期以后来取，请到那边交钱。

[馈赠与称赞 Ein Geschenk übergeben und sich bedanken]

(1) A：这是我给你的小纪念品，希望你喜欢。

B：是中国音乐光盘，太感谢你了。对我来说，这是最好的礼物。

A：哪里，一点儿小意思。礼轻情意重。

(2) A：我给你带来了一件小礼物。

B：中国茶，太好了，我最爱喝中国绿茶。真谢谢你。

A：不客气。你喜欢我就很高兴。

(3) A：我这次从上海回来，没有带什么好东西。这是给你的，不知道你喜欢不喜欢。

B：上海衬衫，还是名牌的呢。你太客气了，让你破费（pòfèi, Geld ausgeben），真不好意思。

A：你说到哪儿去了。这是很一般的。

[反诘 Eine Erwiderung]

(1) A：我明天不去听音乐会了。

B：你昨天不是说要跟我们一起去吗？票已经买好了，为什么又不去了？

(2) A：我觉得天气越来越热了。

B：今天气温只有26度，哪儿热啊？

(3) A：昨天晚上你怎么不跟他们一起过中秋节？

B：我不知道这事儿。

C：你怎么会不知道呢？是王小云在图书馆告诉咱们的。

[担心 Sich Sorgen machen]

A：他昨天没有来，我们真有点儿担心了。

B：担心什么？

A：我担心他病了。

5. 看图说话 Beschreiben Sie die Bilder

（跟……一样，比……，没有…… ，有……，更……，最……）

6. 交际练习 Konversationsübungen

（1） Ihr chinesischer Freund schenkt Ihnen etwas. Was sagen Sie?

（2） Sie schenken Ihrem chinesischen Freund etwas. Was sagen Sie?

（3） In einer Kultur wird der Wert des Geschenkes betont, indem es gelobt wird. In einer anderen Kultur wird die Freundlichkeit des Schenkers betont, indem der Beschenkte zum Ausdruck bringt, dass das Geschenk zu kostbar für ihn sei. Beschreiben Sie die Gemeinsamkeiten und Unterschiede dieser beiden Arten des Schenkens.

Schreiben Sie danach das Gesagte auf.

四. 阅读和复述 Leseverständnis und Nacherzählung

嫦娥奔月

中秋节赏月是从唐朝开始的。

在中国古代神话中，月亮上有一个月宫，那儿有一位很美的仙女，她的名字叫嫦娥。嫦娥原来是人间的女子，她丈夫得到一种特别的药，交给了她。一天，嫦娥闻了闻这个药，她觉得自己身体变轻了，飞起来了。她飞得越来越高，越来越快，最后，就飞到月亮上去了。嫦娥成了月宫里的仙女。

传说在一个八月十五的晚上，唐明皇做了一

个梦，他来到了月宫。他觉得他的皇宫没有月宫这么安静，这么高大。他在月宫里见到了嫦娥。漂亮的嫦娥穿着白色的衣服，非常热情地请唐明皇喝酒，还给他唱歌跳舞。唐明皇以前没有听过这么好的歌，也没有看过这么美的舞。唐明皇醒了以后，就把这个梦写成了一首有名的乐曲。从这以后，每年的八月十五，唐明皇都要在皇宫里举办赏月的音乐会，演奏他写的这个乐曲。后来，中秋节就成了中国的一个节日。这一天，一家人要团聚在一起，一边吃月饼，一边赏月。那天人们看月亮的时候，还能看到一点儿嫦娥住的月宫呢！

五. 语法 Grammatik

1. 用动词"有/没有"表示比较 Das Verb "有/没有" zum Ausdruck eines Vergleichs

Die Konstruktion "X +有/没有 + Y + Adj" wird verwendet um anzuzeigen, dass eine Qualität oder Eigenschaft einer Sache X dasselbe Niveau wie die Sache Y hat. Das zweite Objekt ist das Kriterium des Vergleichs. Die Qualität oder Eigenschaft, die verglichen wird, wird häufig durch Adjektive ausgedrückt.

S +有/没有 + NP (+ 这么/那么) + Adj

Subjekt	***Prädikat***					
	Adv	**"有/没有"**	**NP**	**(这么/那么)**	**Adj**	**Pa**
中秋节		有	春节	那么	热闹	吗？
中秋节		没有	春节	那么	热闹。	
那种笔		没有	这种笔		好。	
我		没有	你说的	那么	漂亮。	
妹妹		有没有	姐姐	这么	高？	
妹妹	已经	有	姐姐	这么	高	了。

Die Qualität oder Eigenschaft des Vergleichs kann auch durch eine Verbalphrase ausgedrückt werden.

Subjekt	*Prädikat*			
	"有/没有"	NP	(这么/那么)	VP
他	有没有	你	那么	喜欢书法？
他	没有	我	那么	喜欢书法。
我	没有	你		跑得快。
我们	没有	你们		用刀叉用得好。
你们	没有	我们	那么	想知道里边是什么。

Hinweis: Die negative Form dieses Vergleichssatzes wird sehr häufig verwendet (X + 没有 + Y + Adj/NP) und steht meist in Aussagesätzen. Die bejahte Form (X + 有 + Y + Adj/NP) wird weniger häufig verwendet und findet sich meist in Fragesätzen oder in Antworten auf Fragen.

2. 反问句(1) Die rhetorische Frage (1)

Einige Fragesätze sind nicht als Frage zur Informationsgewinnung beabsichtigt, sondern dienen zur Betonung offensichtlicher Fakten.

A. Die Konstruktion "不是…吗？" wird zur Bestätigung einer Tatsache verwendet. Zum Beispiel

大为不是美国人吗？ (是美国人)

你不是喜欢中国书法吗？ (喜欢中国书法)

加拿大糖不是很有特色吗？ (很有特色)

你不是参观过美术馆吗？ (参观过美术馆)

B. Fragepronomen werden verwendet um eine Tatsache oder Negation zu betonen. Zum Beispiel

这哪儿是小纪念品？(这不是小纪念品)

我哪儿有你说的那么漂亮？(我没有你说的那么漂亮)

朋友送的礼物怎么会不喜欢呢？(朋友送的礼物当然喜欢)

3. 连动句(3) Sätze mit Verbserie (3)

Ist das erste Verb einer Verbserie "有/没有", dann ist das Objekt der Empfänger der Handlung, die vom zweiten Verb beschrieben wird. Das zweite Verb hat kein direktes Objekt.

$S + $“有/没有”$ + O + V_2$

Subjekt	*Prädikat*			
	Adv	**“有/没有”**	**O**	**V_2**
他	现在	没有	书	看。
学生们	星期天	有	很多练习	要做。
我们		有	一些小礼物	要送给你们。
我		没有	更好的礼物	送给大为。
我		有	一个问题	想问问。

4. 结果补语“上、开” “上” und “开” als Ergebniskomplemente

Das Verb “上” wird als Ergebniskomplement verwendet um auszudrücken, dass getrennte Dinge zusammengefügt wurden oder dass eine Sache an eine andere angefügt wurde. Zum Beispiel “关上门,戴上围巾,写上名字,带上护照”.

Das Verb “开” wird als Ergebniskomplement verwendet um auszudrücken, dass einheitliche oder zusammengefügte Dinge getrennt wurden. Zum Beispiel “打开礼物,打开书,切开苹果,搬开桌子”.

六. 字与词 Chinesische Schriftzeichen und Wörter

构词法(2):偏正式 Wortbildungsmethoden(2): Attributive Ergänzung

Das erste Wort modifiziert oder beschränkt dabei das zweite Wort, z. B. 月+饼→月饼. Weitere Beispiele

茶馆 爱情 蛋糕 西餐 中餐 汽车 火车 毛笔 电脑 电视 厨房 花园
剧院 客厅 礼物 商店 小孩 农民 工人 医生 医院 阳台 围巾 名牌
春天 今年 羊肉 外国 名片 油画 汉语 生词 邮费

Bescheidenheit gilt in der chinesischen Kultur als achtbare Eigenschaft. Professor Zhang sagt, dass seine Kalligrafie nur “so lala” ist. Außerdem bittet er seine jungen Studenten um ihre Meinung zu seinem neuen Buch. Wissen Sie warum?

第二十九课 Lektion 29

请多提意见

一. 课文 Texte

(一)

张教授：你们来了！欢迎，欢迎！快请进。

林　娜：张教授，这是给您的花儿。

张教授：谢谢。你们太客气了。请坐，喝点儿什么？

林　娜：喝茶吧。您的书房很有特色：墙上挂着中国字画，书架上放着这么多古书，桌上放着文房四宝，外边还整整齐齐地摆着这么多花儿，还有盆景呢。这些花儿真漂亮，都是您种的吗？

【描述事物】
Dinge beschreiben

张教授：不，都是买的。不过它们在我这儿长得越来越好，现在也开花了。

丁力波：这叫君子兰吧？长长的绿叶，红红的花，真好看。

张教授：是叫君子兰。① 这种花很好养，② 开花的时间也比较长。

林　娜：养花真有意思。我明天下了课就去买盆花，③ 摆在宿舍里。我也有花儿养了。

马大为：养花是有意思，可是你能养好吗？

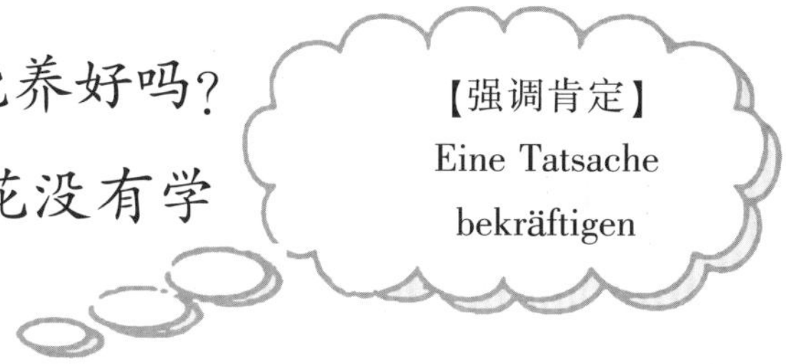

林　娜：当然能养好！我看，养花没有学汉语那么难吧。

张教授：养花是不太难。不过，要把花养好，那就不容易了。人们常说"姑娘爱花"，林娜喜欢养花，我想她一定能养好。

林　娜：谢谢，张教授，我也是这样想的。

丁力波：这些盆景都是您自己的作品吧？

张教授：是的。工作累的时候，我就到外边去浇浇花，把这些盆景修整修整。这是很好的休息。

丁力波：盆景是一种艺术，听说，种盆景很不容易。张教授，您还真是一位园艺师呢！

张教授：我哪儿是园艺师？这只是一点儿爱好。

生词 Neue Vokabeln

1.	意见	N	yìjiàn	Meinung, Ansicht 提意见,请多提意见,有意见,好意见
2.	欢迎	V	huānyíng	willkommen heißen 欢迎你们, 欢迎参观,欢迎多提意见
3.	书房	N	shūfáng	Arbeitszimmer
4.	墙	N	qiáng	Wand, Mauer 墙上
5.	挂	V	guà	aufhängen 挂照片,挂画儿,挂在墙上,墙上挂着
6.	字画	N	zìhuà	Kalligrafie und Gemälde 有名的字画,墙上挂着字画,一幅字画
	字	N	zì	Schriftzeichen; Handschrift 张教授的字,我的字,这幅字
7.	书架	N	shūjià	Bücherregal 放在书架上,书架上放着书
8.	古书	N	gǔshū	alte Bücher 书架上有很多古书,书架上放着古书
	古	Adj	gǔ	alt, altertümlich 古人,古时候
9.	整齐	Adj	zhěngqí	ordentlich, geordnet 整齐的书架,衣服放得很整齐,站得很整齐,整整齐齐
10.	地	Pa	de	(zur Bildung einer Adverbialbestimmung) 整整齐齐地放着,高高兴兴地聊天,很好地复习,更多地练习
11.	摆	V	bǎi	setzen, stellen, legen 摆在桌上,摆在外边,摆在宿舍里,摆着花儿,整整齐齐地摆着
12.	盆景	N	pénjǐng	Bonsai 中国盆景,摆着盆景,种盆景
	盆	N	pén	Wanne, Schüssel 一盆花儿

13. 好看	Adj	hǎokàn	hübsch, gut aussehend 真好看，好看的花儿，好看的姑娘，好看的小说，好看的电影
14. 长	V	zhǎng	wachsen 花儿长得很好，蔬菜长得很快，小狗长得很大，小孩长得很高
15. 开花	VO	kāihuā	blühen 现在开花了，让它常开花
16. 君子兰	N	jūnzǐlán	Klivie 君子兰开花
17. 叶(子)	N	yè(zi)	Blatt 君子兰的叶子，绿叶
18. 养	V	yǎng	züchten, aufziehen 养花，养狗，养鸭，养羊，养大，养好，不好养的花儿
19. 比较	Adv/V	bǐjiào	relativ; vergleichen 比较长，比较重，比较热闹，比较干净，比较整齐，比较好看，比较好养，比较一下，和他比较
20. 人们	N	rénmen	Menschen, Leute 人们常说
21. 作品	N	zuòpǐn	Werk, Kunstwerk 文学作品，美术作品，盆景作品，书法作品，重要作品，一般作品，主要作品，感人的作品，自己的作品
22. 浇	V	jiāo	bewässern, gießen 浇花儿，浇水
23. 修整	V	xiūzhěng	nachschneiden 修整盆景
24. 艺术	N	yìshù	Kunst 盆景艺术，书法艺术，艺术作品，爱好艺术
25. 园艺师	N	yuányìshī	Gärtner 当园艺师，成了园艺师
园艺	N	yuányì	Gartenbau 喜欢园艺，爱好园艺
师	Suf	shī	Meister, Lehrer 医师，工程师

（二）

丁力波：张教授，我很喜欢中国书法，也跟老师学过，可是进步不快。我不知道该怎么办？

张教授：学习书法要多看、多练。人们常说，如果你每天都认认真真地练，不用一百天，就能把汉字写得很漂亮。当然，要把汉字写成书法艺术作品，还要更多地练习。

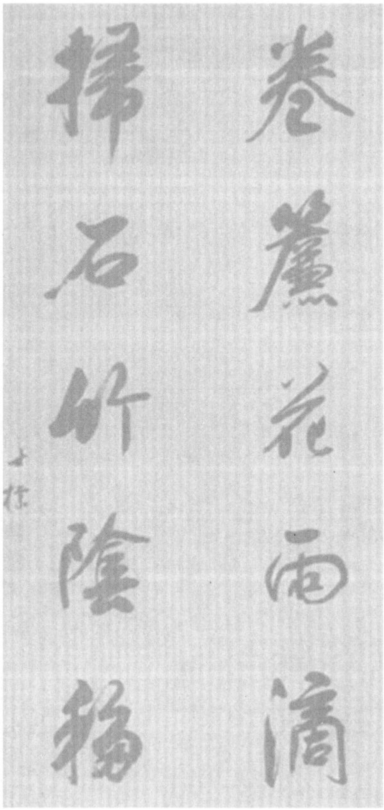

丁力波：张教授，我想请您给我写一幅字，不知道行不行？

张教授：我的字很一般，你应该多看书法家的字。

丁力波：我知道您的书法很有名。这幅字能给我吗？

张教授：这幅字被我写坏了。我今天刚写了一幅，你看上边写着什么？

丁力波："弟子不必不如师，师不必贤于弟子"。④ 张教授，请问，这个句子是什么意思？

张教授：这是唐代一位文学家说过的话，意思是，学生不一定不如老师，老师也不一定比学生高明。老师和学生应该互相学习。

丁力波：谢谢您，张教授。这幅字很有意思，我要把它挂在我宿舍的墙上。

张教授：对了，这是我刚写的一本书，送给你们，每人一本。

我已经把你们的名字写上了，请多提意见。[5]

马大为：是《汉字书法艺术》，谢谢您。

张教授，您太谦虚了。您是老师，我们才学了这么一点儿中文，怎么能提出意见呢？

【表示谦虚】
Bescheidenheit äußern

张教授：那位唐代文学家是怎么说的？“弟子不必不如师，师不必贤于弟子”。

生词 Neue Vokabeln

1. 练	V	liàn	üben 练字，练书法，练太极拳，练京剧，练汉语，练中国画，多练，认认真真地练
2. 书法家	N	shūfǎjiā	Kalligraf
家	Suf	jiā	Spezialist auf einem bestimmten Gebiet 艺术家，美术家，音乐家，画家，小说家
3. 弟子不必不如师	R	dìzǐ búbì bùrú shī	Schüler wissen nicht unbedingt weniger als Lehrer.
弟子	N	dìzǐ	Schüler
不必	Adv	búbì	nicht unbedingt
4. 师不必贤于弟子	R	shī búbì xián yú dìzǐ	Lehrer sind nicht unbedingt fähiger als ihre Schüler.
贤	Adj	xián	gut und weise
5. 句子	N	jùzi	Satz 一个句子，汉语句子
句	ZEW	jù	Satz 两句话

6. 意思	N	yìsi	Sinn, Bedeutung	这个句子的意思，生词的意思，课文的意思，文章的意思，我的意思，有意思
7. 不如	V	bùrú	(ist) nicht so gut wie	我不如他，学生不一定不如老师
8. 高明	Adj	gāomíng	gescheit	高明的老师，高明的画家，高明的记者
9. 文学家	N	wénxuéjiā	Literat	高明的文学家
10. 互相	Adv	hùxiāng	gegenseitig, einander	互相学习，互相帮助，互相介绍，互相祝贺，互相比较
11. 谦虚	Adj	qiānxū	bescheiden	谦虚的人，太谦虚了，谦虚地说
12. 唐代	EN	Tángdài	Tang-Dynastie	唐代文学家，唐代画家

补充生词 Zusätzliche Vokabeln

1. 乐趣	N	lèqù	Vergnügen, Freude
2. 难过	V/Adj	nánguò	traurig sein / bedrückt
3. 院子	N	yuànzi	Hof, Innenhof
4. 照顾	V	zhàogù	aufpassen, sich kümmern um
5. 关心	V	guānxīn	sich kümmern um, interessiert sein an
6. 美化	V	měihuà	verschönern
7. 心灵	N	xīnlíng	Seele
8. 老舍	EN	Lǎo Shě	Lao She (moderner chinesischer Schriftsteller)

二. 注释 Anmerkungen

① 是叫君子兰。

"(Sie) heißt wirklich *junzilan* (Klivie)."

Wenn "是" vor einem Verbalprädikat, Adjektivprädikat oder Prädikat mit einer Subjekt-Prädikat-Wortgruppe verwendet wird, bedeutet es "in der Tat, wirklich". Es betont und bestätigt den vorangehenden Satz und wird betont gesprochen. Zum Beispiel

A：养花真有意思。

B：养花是有意思。

A：养花没有学汉语那么难吧？

B：养花是不太难。

A：听说他学习很努力。

B：他是学习很努力。

② 这种花很好养。

"Diese Blumen sind einfach zu züchten."

"好+V" bedeutet, etwas "ist leicht zu tun". Hier bedeutet "好" leicht, einfach. Die negative Form lautet "不好+V". Zum Beispiel

这篇文章好懂。

太极拳好学。

今天的练习不好做。

③ 我明天下了课就去买盆花。

"Ich werde morgen nach Unterrichtsschluss gleich einen Bonsai kaufen."

Das Adverb "就"(4) verbindet häufig zwei Verben oder Verbalphrasen (die Partikel "了" steht meist hinter dem ersten) und sagt aus, dass die zweite Handlung stattfindet, sobald die erste vollendet ist. Zum Beispiel

他吃了饭就来了。

他们到了医院就给他打电话。

④ 弟子不必不如师，师不必贤于弟子。

“Schüler wissen nicht unbedingt weniger als Lehrer. Lehrer sind nicht unbedingt fähiger als ihre Schüler.”

Das ist ein Zitat aus dem Essay “Über Lehrer” (《师说》) von Han Yu (韩愈, 768–824), einem berühmten Dichter der Tang–Zeit.

⑤ 我已经把你们的名字写上了，请多提意见。

“Ich habe eure Namen bereits in die Bücher geschrieben. Bitte gebt eure Meinung ab.”

Wenn chinesische Autoren oder Künstler ihre Bücher oder Arbeiten verschenken, signieren sie die erste Seite. Sie schreiben außerdem den Namen des Empfängers auf und bitten um Kommentare und Kritik. Zum Beispiel bedeutet: “马大为先生指正”(指正, zhǐzhèng, Fehler aufzeigen) “Für Ma Dawei. Mit der Bitte um Kritik.”

三. 练习与运用 Übungen und Anwendung

Schlüsselsätze

1. 墙上挂着中国字画。
2. 外边还整整齐齐地摆着这么多花儿。
3. 你还要更多地练习。
4. 工作累的时候他就把这些盆景修整修整。
5. 红红的花儿，真好看。
6. 这种花很好养。
7. 养花是不太难。
8. 我哪儿是园艺师？这只是一点儿爱好。

1. 熟读下列短语 Lesen Sie die folgenden Wortgruppen und prägen Sie sie sich ein.

(1) 好养　好做　好学　好查　好找　好办　好写　好用　好骑　好搬

不好复习　不好翻译　不好管理　不好修整　不好准备

(2) 挂着很多图片　住着两个留学生　摆着一大盘糖

戴着那条围巾　站着一位服务员　写着他的名字

停着一辆汽车　坐着一位书法家　放着一套西服

躺着一个小孩　穿着新的中式衣服

(3) 大大的嘴　低低的声音　高高的大楼　远远的山

漂漂亮亮的客厅　干干净净的书房　舒舒服服的卧室

(4) 慢慢地走　轻轻地放　早早地出发　远远地看

不高兴地说　非常客气地问　更多地练习　很好地休息

整整齐齐地排队　高高兴兴地唱歌　安安静静地看书

热热闹闹地过春节　辛辛苦苦地工作　认认真真地锻炼

(5) 把这些刀叉洗洗　把礼物包一包　把这些汉字写一写

把宿舍打扫打扫　把这些盆景修整修整

把学过的课文复习复习　把你做的练习检查检查

2. 句型替换 Substitutionsübungen

(1) 墙上挂着中国字画没有？

墙上挂着中国字画。

本子上	写	他的名字
阳台上	放	很多盆花儿
桌子上	摆	一大盘糖
床旁边	放	一束花儿
咖啡馆前边	停	一辆汽车

(2) 这个楼里人多吗？

这个楼里住着二十个足球队员。

客厅	坐	四位画家
这辆公共汽车	站	很多乘客
那个房间	住	两个留学生
那个银行	排	很长的队

(3) 他每天都练书法吗?
他每天都认认真真地练书法。

姑娘们	唱歌	高高兴兴
小孩们	上课	安安静静
队员们	排队	整整齐齐
服务员	打扫房间	辛辛苦苦

(4) 这个地方怎么样?
有红红的花儿,真好看。

小区	有高高的大楼	很漂亮
公园	能看到远远的山	景色真美
咖啡馆	有轻轻的音乐	很安静
教授的家	有干干净净的书房	很有特色

(5) 应该把这些花儿浇一浇,对吗?
对,我也是这样想的。咱们开始吧。

这些刀叉	洗
这个礼物	包
这些汉字	写
宿舍	扫

(6) 昨天她下了课做什么了?
昨天她下了课就去买花了。

换	钱	王府井买衣服
化	妆	听音乐会
参观	博物馆	访问张教授
浇	花	修整盆景

(7) 这种花儿好养吗?
这种花儿很好养。

这个菜	做	很好
这家医院	找	很好
汉字书法	学	不好
广州话	懂	不好

3. 课堂活动 Aktivitäten im Seminarraum

Ein Student bildet einen Satz. Ein anderer verwendet "是", um das Gesagte zu betonen und bestätigen, dann benutzt er "不过", um noch etwas zu ergänzen. Zum Beispiel

A：外国人学汉字书法不容易。

B：外国人学汉字书法是不容易。不过，我看过很多留学生写的汉字不比中国学生写的差。

4. 会话练习 Dialogübungen

Idiomatische Wendungen im Gespräch
人们常说 (Die Leute sagen oft ...)
我也是这样想的 (Ich denke das auch.)
不知道行不行 (Ich weiß nicht, ob das geht.)
你看怎么样? (Was meinst du?)

[描述事物 Dinge beschreiben]

(1) A：你去过陈老师家吗？

B：去过。她家客厅真大，也很漂亮。

A：客厅里有什么？

B：西边墙上挂着一幅油画，下边放着电视机（diànshìjī, Fernseher）。旁边的柜子（guìzi, Schrank）里摆着很多外国的纪念品。东边放着大沙发（shāfā, Sofa），沙发旁边还放着一盆君子兰。

(2) A：昨天晚上你看学校的时装（shízhuāng, Mode）表演了吗？

B：我看了，你觉得谁的表演最好？

A：我觉得林娜的表演很有特色。她身上穿着黑、白两种颜色的旗袍，戴着白的丝绸围巾，手里拿着黑的皮包（píbāo, Leder-(hand) tasche），非常漂亮。她在台上走得也很优美。

B：林娜妆也化得很好看，大大的眼睛（yǎnjing, Augen），高高的鼻子（bízi, Nase），大大的嘴。我看她有希望赢。

[强调肯定 Eine Tatsache bekräftigen]

A：今年的花儿没有去年开得好。

B：今年的花儿是没有去年开得好。可能你浇水浇多了。

A：我是浇得多了点儿。可是君子兰开花不是开得很好吗？

[表示谦虚 Bescheidenheit äußern]

(1) A：我想问您一个书法的问题。

B：我对书法也了解得不多，咱们一起讨论（tǎolùn, diskutieren）讨论吧。

……

B：我的这些看法不一定都对，只能给你做参考（cānkǎo, hier: zur Information）。

A：您太谦虚了。您说得真好，对我有很大帮助。我看过您的很多书法作品，您真是一位书法家。

B：我哪儿是书法家，这只是一点儿爱好。

(2) A：我看了您写的书，我觉得非常好，我学到了很多东西。

B：哪里。那是我三年以前写的，很多看法不一定对。请多提意见。

5. 看图说话 Beschreiben Sie das Bild

（挂着，摆着，放着）

6. 交际练习 Konversationsübungen

(1) Stimmen Sie der Aussage “Schüler wissen nicht unbedingt weniger als Lehrer. Lehrer sind nicht unbedingt fähiger als ihre Schüler.” zu? Warum? Warum nicht?

(2) Wie reagieren Sie auf Lob?

Schreiben Sie danach das Gesagte auf.

四. 阅读和复述 Leseverständnis und Nacherzählung

老舍养花

我爱花，所以也爱养花。可是，我还不是园艺师，因为没有时间去提高养花技术。我只把养花看成生活中的一种乐趣。我养的花虽然不少，但是没有太名贵的花。我养的花开花了，我就高兴。名贵的花不好养，如果你看着一盆名贵的花得病了，心里是会很难过的。所以我的小院子里整整齐齐地摆着那么多花，都是些好养的。当然，我还得天天照顾它们，像好朋友一样地关心它们，了解它们的生活情况。不这样，它们还是会死的。有它们的帮助，我也知道该怎么养花了。现在，我的小院子里，花儿越来越多，真让人高兴。

我身体不太好。花儿得到我的照顾，它们感谢不感谢我，我不知道。不过，我得感谢它们。我工作累的时候，就到院子里去看看它们，给它们浇浇水，把那些盆景修整修整，然后再工作。我每天都要这样做，这是很好的休息，对身体很有好处。我觉得这比吃药还好。

开花了，朋友们来看我，我们一起去小院子里赏花儿，看着那些绿绿的叶子，红红的花儿，他们都称赞我养的花长得好！我心里特别高兴。我常把自己养的花当作礼物送给朋友，他们都很喜欢，还说，养花不但能美化生活，而且能美化人的心灵。听了朋友们的话，我更觉得养花是一件很有乐趣的事儿。

五. 语法 Grammatik

1. 存现句(2) Sätze zum Ausdruck von Existenz oder Erscheinen (2)

In Lektion 21 haben Sie bereits Sätze kennengelernt, die die Existenz oder Lage (einer Person oder Sache) bezeichnen. Es folgt ein weiterer Satztyp. Das Subjekt des Satzes ist ein Ortsnomen oder eine Wortgruppe, die einen Ort bezeichnet, das Prädikat ist “V + 着”. Das Objekt ist die Person oder Sache, die existiert.

Die negative Form lautet “没有+V+着”. Die positiv-negative Form lautet “V+着+没有”.

S (OA) + V + 着 + ZW-ZEW + O (Person oder Sache, die existiert)

Subjekt (OA)	***Prädikat***			
	V	**“着”**	**ZW-ZEW**	**O (Person oder Sache, die existiert)**
墙上	挂	着		中国字画没有?
外边	摆	着	两盆	花。
桌子上	没(有)放	着		电脑。
房间里	站	着	一位	服务员。
客厅里	坐	着	很多	书法家。

Hinweise: (1) Präpositionen wie z. B. “在” oder “从” stehen nicht vor dem Subjekt.

(2) Die Adverbien “在” und “正在” können nicht vor dem Verb stehen. Es ist falsch zu sagen: ⊗“墙上正在挂着中国字画”.

(3) Vor dem Objekt stehen meist Zahlwort und Zähleinheitswort oder ein anderes Attribut.

2. 形容词重叠 Verdoppelung von Adjektiven

Adjektive, die Eigenschaften oder Qualitäten beschreiben, können verdoppelt werden. Einsilbige Adjektive werden in der Form “AA” verdoppelt. Zum Beispiel 红红, 绿绿 und 长长. Zweisilbige Adjektive in der Form “AABB”. Zum Beispiel 整整齐齐, 干干净净 und 漂漂亮亮. Das verdoppelte Adjektiv bringt einen höheren Grad einer bestimmten Qualität zum Ausdruck als die einfache Form. Es wird zur Beschreibung von Dingen verwendet und drückt oft Gefallen oder Bewunderung aus. Zum Beispiel 红红的花 und 长长的绿叶.

3. 结构助词“地” Die Strukturpartikel “地”

Wird ein verdoppeltes Adjektiv oder eine Adjektivphrase als Adverbialbestimmung verwendet, wird in der Regel die Partikel “地” hinzugefügt. Zum Beispiel

这里边是盘子，请你轻轻地放。

书架上整整齐齐地摆着很多古书。

多看电视就能更快地提高汉语水平。

4. "把"字句(4)　Der "把"-Satz (4)

In Sätzen mit "把" können verdoppelte Verben verwendet werden. Dahinter stehen nicht unbedingt weitere Elemente. Zum Beispiel

S +"把"+ $O_{把}$ + VV

Subjekt	*Prädikat*		
	"把"	**$O_{把}$**	**VV**
你	把 请把	这些盆景 那些水果	修整修整吧。 洗一洗。

六. 字与词　Chinesische Schriftzeichen und Wörter

构词法(3)：补充式　Wortbildungsmethoden (3): Zusammensetzung aus Verb und Komplement

Das zusammengesetzte Wort wird aus Verb und Komplement gebildet, z. B. "提+高" → "提高". Das zweite Zeichen ergänzt das erste. Zum Beispiel "打开, 得到, 记得, 站住".

Nach dem Abendessen gehen Ding Libo, Ma Dawei und Song Hua durch ein Wohngebiet in Peking spazieren. Sie stellen fest, dass die Bewohner ganz besondere Freizeitaktivitäten haben ...

第三十课 Lektion 30

他们是练太极剑的

一. 课文 Texte

(一)

丁力波：现在八点半了，街上还这么热闹！

宋　华：这儿的人吃完晚饭都喜欢出来活动活动。你看，人们又唱又跳，玩儿得真高兴。

【描述事物】
Dinge beschreiben

马大为：那儿来了很多人，一边跳舞，一边还敲锣打鼓。他们在跳什么舞？

宋　华：他们在扭秧歌呢。

马大为：扭秧歌？我听说过。

宋　华：这是中国北方的一种民间舞蹈，叫做秧歌舞。秧歌舞的动作又简单又好看，小孩儿、大姑娘、小伙子、老人都可以跳。对老人来说，现在扭秧歌已经是一种锻炼身体的活动了。他们很喜欢扭，常常扭得全身出汗。

马大为：我看，这种舞很好跳，我也能很快地学会。我跟他们一起扭，可以吗？

宋　华：当然可以。

马大为：不行，我还得先把动作练一练，要不，大家就都看我一个人扭了。[1] 前边又走过来了不少老人，他们手里都拿着什么？

宋　华：他们是练太极剑的，手里拿的是剑。太极剑也是一种中国武术，练太极剑可以很好地锻炼身体。我妈妈以前常常生病，不能工作，后来，她就练太极剑。[2] 练了两年，她身体好了，现在可以上班了。力波，你不是每天早上都学太极拳吗？现在你学得怎么样了？

【表示变化】
Veränderungen anzeigen

丁力波：现在我已经会打太极拳了。最近，又开始学太极剑。我觉得打太极拳、练太极剑对身体是很好。

宋　华：太极剑的动作非常优美，练太极剑就没有扭秧歌那么容易了。

马大为：你们看，街心花园那儿围着很多人。那儿安静得没有一点儿声音，他们在做什么呢？咱们过去看看。

生词 Neue Vokabeln

1. 太极剑	N	tàijíjiàn	*Taijijian* (Schwertkampfkunst) 练太极剑，练一套太极剑
剑	N	jiàn	Schwert 拿着一把剑
2. 街	N	jiē	Straße 街上，大街，一条街
3. 活动	V/N	huódòng	sich bewegen/Aktivität, Veranstaltung 出来活动，有什么活动，一种锻炼身体的活动，活动活动，
4. 跳	V	tiào	hüpfen, springen 又唱又跳，跳起来
5. 跳舞	VO	tiàowǔ	tanzen 跳什么舞，跳古典舞
舞	N	wǔ	Tanz
6. 敲锣打鼓	R	qiāoluó dǎgǔ	Trommeln und Gongs schlagen
敲	V	qiāo	klopfen, schlagen 敲门
锣	N	luó	Gong
打	V	dǎ	schlagen
鼓	N	gǔ	Trommel
7. 扭秧歌	VO	niǔyāngge	den *Yangge*–Tanz tanzen
扭	V	niǔ	drehen, rotieren
秧歌	N	yāngge	*Yangge*–Tanz
8. 民间	N	mínjiān	Volks–, in der Bevölkerung 民间音乐，民间故事，民间艺术，跳民间舞
9. 舞蹈	N	wǔdǎo	Tanz 舞蹈专业，舞蹈学院，舞蹈艺术，演出舞蹈
10. 叫做	V	jiàozuò	bezeichnen, heißen 叫做秧歌舞，叫做入乡随俗
11. 动作	N	dòngzuò	Bewegung 舞蹈动作，练练动作，太极剑的动作

12. 简单	Adj	jiǎndān	einfach　简单的动作，简单的问题，简单的事儿，简单介绍，简单回答
13. 老人	N	lǎorén	alter Mensch, Senior　对老人来说，尊重老人，帮助老人
14. 出汗	VO	chūhàn	schwitzen　身上出汗，头上出汗，扭得全身出汗，热得出汗，出了很多汗
15. 要不	Konj	yàobù	sonst, anderenfalls
16. 手	N	shǒu	Hand　手里，用手，手上，左手，右手
17. 武术	N	wǔshù	Kampfkunst　练武术，一种中国武术，武术比赛
18. 生病	VO	shēngbìng	krank werden　常常生病，生病的时候
病	V/N	bìng	krank werden / Krankheit　病了，病得很重，小病，大病，病好了，一种病
19. 后来	N	hòulái	später, danach　后来怎么样，后来呢
20. 上班	VO	shàngbān	arbeiten gehen　在邮局上班，上班时间
21. 早上	N	zǎoshang	(früher) Morgen　每天早上，早上好
22. 最近	N	zuìjìn	vor kurzem　最近一个月，最近三天
23. 街心花园	NP	jiēxīn huāyuán	Grünanlage auf der Straße
24. 围	V	wéi	einkreisen, umgeben　围着他，围着很多人，围着看

(二)

丁力波：他们在下棋呢。宋华，你喜欢下棋吗？

宋　华：喜欢。我也喜欢看别人下棋。我觉得看别人下比自己下更有意思。有的时候我看得忘了吃饭。

马大为：所以那些站在旁边的人也是在看下棋？

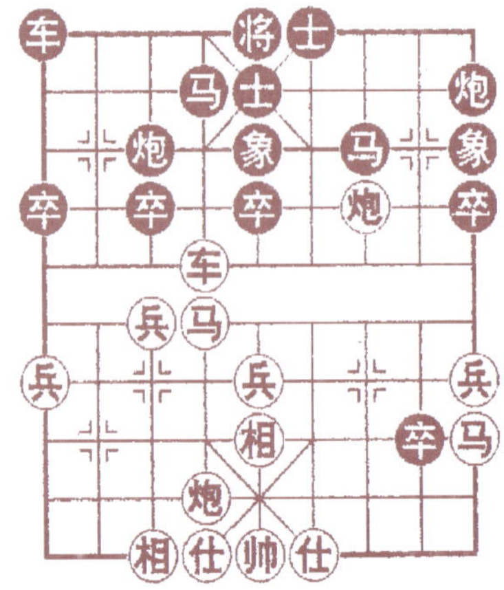

宋　华：是啊，常常两个人下棋，很多人围着看。看的人和下的人也可能互相不认识。

马大为：这很有意思。

丁力波：东边的立交桥下还有很多人呢。你听见了吗？那是唱京剧的。

马大为：京剧团怎么到这儿来唱呢？

宋　华：他们不是京剧团的，他们是这个小区的京剧爱好者，也都是些老人。以前他们工作的时候，忙得没有时间唱。现在他们人退休了，休闲的时间也多了，晚上就来这儿高高兴兴地唱一唱。因为爱好一样，不认识的人也都成了朋友。一般地说，到这儿来唱的人水平都还可以，喜欢听京剧的就围过来听。他们听得高兴的时候，也可以叫“好”！这也是他们的一种休闲方式。

【总结概括】
eine Zusammenfassung geben

马大为：真有意思。我发现这儿老人的休闲活动有很多特点。简单地说，第一，他们非常注意锻炼身体；第二，最重要的是，他们喜欢很多人在一起活动；第三，有的人做，有的人看，可能互相不认识，可是大家都玩儿得很高兴。

宋　华：你说得很对。当然，这儿老人的休闲方式还很多。早上有做操的，有跑步的，有爬山的，有游泳的，也有带着自己的小狗散步的，还有在家练书法的、养花的。[3]

马大为：年轻人呢？

宋　华：年轻人的休闲活动就更多了。你看，街对面的网吧门口，进进出出的都是年轻人，[4] 旁边的舞厅里又出来了两个小伙子。

生词 Neue Vokabeln

1.	下棋	VO	xiàqí	Schach spielen　看别人下棋，喜欢下棋，跟朋友下棋，下一盘棋
2.	立交桥	N	lìjiāoqiáo	Überführung von Hochstraßen　立交桥下，上立交桥，下立交桥
	桥	N	qiáo	Brücke
3.	听见	VK	tīngjiàn	hören, vernehmen　听见声音，没有听见
4.	爱好者	N	àihàozhě	Liebhaber (Kunst oder Sport)　京剧爱好者，书法爱好者
5.	退休	V	tuìxiū	in Rente gehen　退休以后，退休教师，退休老人
6.	休闲	V	xiūxián	sich ausruhen　休闲时间，休闲活动
7.	方式	N	fāngshì	Art, Methode　休闲方式，活动方式，生活方式
8.	做操	VO	zuòcāo	Gymnastik machen
9.	跑步	VO	pǎobù	laufen, rennen
10.	对面	N	duìmiàn	gegenüberliegende Seite　街对面，大楼对面
11.	网吧	N	wǎngbā	Internetcafé　街对面的网吧，一个网吧
12.	门口	N	ménkǒu	Eingang　网吧门口，学校门口，家门口
13.	舞厅	N	wǔtīng	Tanzlokal, Tanzhalle　旁边的舞厅，去舞厅跳舞

补充生词 Zusätzliche Vokabeln

1. 长寿	Adj	chángshòu	langlebig
2. 公里	ZEW	gōnglǐ	Kilometer
3. 调查	V	diàochá	untersuchen
4. 组	V/N	zǔ	bilden, formen / Gruppe
5. 心脏	N	xīnzàng	Herz
6. 秘诀	N	mìjué	Erfolgsgeheimnis
7. 在于	V	zàiyú	auf etw. beruhen, abhängig sein von etw.
8. 运动	V/N	yùndòng	Sport treiben / Sport
9. 故乡	N	gùxiāng	Heimatort
10. 流传	N	liúchuán	kursieren, in Umlauf sein
11. 健康	N/Adj	jiànkāng	Gesundheit / gesund
12. 聪明	Adj	cōngmíng	clever, klug
13. 奥林匹克	EN	Àolínpǐkè	Olympische Spiele

二. 注释 Anmerkungen

① 不行，我还得先把动作练一练，要不，大家就都看我一个人扭了。

Das geht nicht, ich muss erst üben, sonst sehen alle nur mir beim Tanzen zu.

“要不” bedeutet “如果不” (sonst, anderenfalls). Es wird zwischen zwei Sätzen oder Teilsätzen verwendet und zeigt an, dass das Ergebnis oder die Schlussfolgerung der Annahme oder Erwartung des ersten Teilsatzes entgegensetzt sind. Zum Beispiel

你去参加她的生日聚会吧，要不，她会不高兴的。

② 后来，她就练太极剑。

“Dann hat sie Taijijian gemacht.”

“后来” bezeichnet eine Zeit nach einem Zeitabschnitt. Zum Beispiel

他去年五月去过一次，后来没有再去过。

Hinweise: Unterschiede zwischen "后来" und "以后": (a) "以后" bezeichnet eine Zeit in der Vergangenheit oder Zukunft, während "后来" sich nur auf die Vergangenheit bezieht. (b) "以后" kann mit oder ohne andere Wörter verwendet werden, zum Beispiel "下课以后". "后来" kann nur allein verwendet werden. Daher ist es falsch zu sagen ⊗"下课后来".

③ 早上有做操的，有跑步的，有爬山的，有游泳的，也有带着自己的小狗散步的，还有在家练书法的、养花的。

"Am Morgen machen manche Gymnastik, manche laufen, manche klettern auf Berge und manche schwimmen. Es gibt auch Leute die mit ihren Hunden spazieren gehen oder zu Hause Kalligrafie üben oder sich um ihre Pflanzen kümmern."

Zwei oder mehr Wortgruppen der Struktur "有 + VP + 的" drücken eine Aufzählung aus.

④ 街对面的网吧门口，进进出出的都是年轻人。

Alle Leute, die das Internet–Café auf der anderen Straßenseite besuchen, sind jung.

三. 练习与运用 Übungen und Anwendung

Schlüsselsätze

1. 前边走过来了不少老人。
2. 舞厅里出来了两个小伙子。
3. 她身体好了，现在可以上班了。
4. 现在八点半了。
5. 他们玩儿得真高兴。
6. 以前他们忙得没有时间唱。
7. 秧歌舞的动作又简单又好看。
8. 我还得先把动作练一练，要不，大家就都看我一个人扭了。
9. 我妈妈以前常常生病，不能工作，后来，她就练太极剑。

1. 熟读下列短语 Lesen Sie die folgenden Wortgruppen und prägen Sie sie sich ein.

(1) 来了两个新同学　开来了一辆公共汽车　下去了很多大学生

死了一只小狗　走过来了不少年轻人

(2) 玩儿得很高兴　病得不能起床　热得全身出汗

高兴得跳起来了　累得不想说话

(3) 会下棋了　会扭秧歌了　会唱京剧了　会开汽车了

可以上班了　该出发了　能上学了　愿意养花了

(4) 又唱歌又跳舞　又简单又好看　又工作又学习

又洗衣又做饭　又年轻又漂亮　又干净又安静

2. 句型替换 Substitutionsübungen

(1) 前边走过来了不少老人。

楼下	来	两个新同学
南边	开来	一辆公共汽车
火车上	下去	很多大学生
外婆家	死	一只小狗
对面	走过来	不少年轻人

(2) 以前他会不会打太极拳？

以前他不会打太极拳。

现在呢？

现在他已经会打太极拳了。

会	下棋
会	扭秧歌
会	开汽车
能	上班
愿意	养花

(3) 他们玩儿得怎么样？

他们玩儿得真高兴。

大家	唱	嗓子疼
那位老人	病	不能起床
小伙子	跳舞跳	全身出汗
京剧爱好者	听京剧听	忘了吃饭

(4) 他忙不忙？

他很忙，忙得没有时间唱京剧。

高兴	跳起来
累	不想说话
热	全身出汗
疼	躺在床上

(5) 秧歌舞的动作简单吗？

秧歌舞的动作又简单又好看。

他姐姐	工作	又工作又学习
这书房	干净	又干净又安静
她丈夫	做饭	又做饭又洗衣
他妻子	漂亮	又漂亮又年轻

(6) 我还得先把动作练一练，要不，大家就都看我一个人扭了。

把去农村的路问清楚	我们又会找错地方了
打电话告诉她	她不会在家等我们
把课文念一念	上课的时候我又会念得很不流利
了解一下那儿的风俗	我不知道该怎么做

3. 课堂活动 Aktivitäten im Seminarraum

(1) Ein Student bildet einen Satz mit den Wörtern dieser Lektion. Ein anderer Student verwendet "后来", um das Gespräch fortzusetzen. Zum Beispiel

A：我来北京以后常常去网吧。

B：后来在那儿认识了一个中国朋友。

(2) Ein Student bildet einen Satz mit den Wörtern dieser Lektion. Ein anderer Student verwendet "要不", um eine Annahme zu äußern. Zum Beispiel

A：我们现在应该学点儿武术。

B：要不，以后就没有这么方便了。

4. 会话练习 Dialogübungen

Idiomatische Wendungen im Gespräch

要不 (Sonst ...)

当然可以 (Natürlich geht das.)

一般地说 (Allgemein gesagt ...)

简单地说 (Kurz gesagt ...)

最重要的是 (Das Wichtigste ist ...)

[表示变化 Veränderungen anzeigen]

A：你最近听到王文的消息吗？他在家里休息得怎么样？

B：他已经从家里回来了。现在他身体好了，每天能正常地学习了。

A：他两个月不在学校，现在学习怎么样？

B：他学习进步得也很快。他的变化真大。

[总结概括 Eine Zusammenfassung geben]

A：不同的地方有不同的风俗习惯，你觉得我们应该怎样做？

B：简单地说，我觉得“入乡随俗”是对的。怎样“入乡随俗”呢？第一，要尊重别人的风俗习惯，也就是尊重别人的文化；第二，如果你喜欢这种风俗习惯，你也可以这样做。

A：如果我不愿意这样做呢？

B：你当然可以不做，但是你也应该注意：不要违反（wéifǎn, gegen etw. verstoßen, missachten）别人的风俗习惯。

A：你说得很对。最重要的是尊重别人。

5. 看图说话 Beschreiben Sie das Bild

（坐着、放着、开着、开过来、开走、走出来、走进去）

6. 交际练习 Konversationsübungen

（1） Sprechen Sie über Veränderungen, die Sie, Ihre Freunde, Kommilitonen oder Lehrer betroffen haben.

（2） Erzählen Sie von Ihren Erfahrungen beim Erlernen chinesischer Schriftzeichen, neuer Vokabeln oder bei Gesprächsübungen. Schreiben Sie danach das Gesagte auf.

四. 阅读和复述 Leseverständnis und Nacherzählung

走路和长寿

人们常说："饭后百步走，活到九十九。"走路是最方便的活动方式，也是老年人最好的锻炼。怎么走呢？医生建议老年人每天用三十分钟的时间，走三公里的路，每个星期最少走五次。当然，用多少时间，走多少路，那还得看自己的身体情况。身体好的，可以多走一些，身体差的，也可以少走一些。只要每天都走走，对身体一定有好处。

一位医生调查了两组老人。一组是每天走一个小时；一组是每天很少走路。后来他发现每天走路的人长寿，得心脏病的少。

一个记者访问了一位95岁的老人。他问老人，健康长寿的秘诀是什么？老人笑着说："我哪有什么秘诀？人们常说，生命在于运动。年轻人要运动，老人更要常运动。"记者又问他："您喜欢什么运动？"老人说："我最大的爱好就是走路，每天最少走一个小时的路。早上起床以后就到公园里去走一走，要走得全身都热了，但是不要热得全身出汗。走完了一小时的路，才回家吃饭、看书、看报、看电视。"老人觉得，每天走路，又简单又方便。如果有可能，再去爬爬山，那就更好了。记者想，"走路"可能就是这位老人的长寿秘诀吧？

奥林匹克运动的故乡流传着这样的几句话："你想变得健康吗？你就跑步吧。你想变得聪明吗？你就跑步吧。你想变得漂亮吗？你就跑步吧。"对老年人，我们也可以这样说："你想健康吗？你就走路吧。你想长寿吗？你就走路吧。"

五. 语法 Grammatik

1. 存现句(3) Sätze zum Ausdruck von Existenz oder Erscheinen (3)

Das folgende Satzmuster wird verwendet, um das Erscheinen oder Verschwinden von Dingen oder Personen von einem Ort zu beschreiben.

S (OA) + V + Pa oder Komplement + ZW–ZEW + O
(Personen oder Dinge, die erscheinen oder verschwinden)

***Subjekt* (OA)**	***Prädikat***			
	V	**Pa oder Komplement**	**ZW–ZEW**	**O (Personen oder Dinge, die erscheinen oder verschwinden)**
那儿	来	了		很多 人。
前边	走	过来		不少 老人。
他们家	死	了	一盆	花儿。
立交桥下	开	过去	五辆	车。
宿舍门口	丢	了	一辆	自行车。

Hinweise: (1) Das Subjekt in diesen Sätzen ist ein Wort oder eine Wortgruppe, die einen Ort bezeichnet. Präpositionen wie "在" oder "从" können nicht vor dem Subjekt stehen.

(2) Das Prädikat in diesen Sätzen ist in der Regel ein intransitives Verb, das eine Lageveränderung von Personen oder Dingen beschreibt. Zum Beispiel "走,跑,来,丢,生,死".

(3) Hinter dem Verb steht in diesen Sätzen gewöhnlich die Aspektpartikel "了" oder ein Komplement.

(4) Das Objekt in diesen Sätzen ist unbestimmt. Man kann also nicht sagen ⊗"前边走来了马大为". Normalerweise stehen vor dem Objekt Zahlwort und Zähleinheitswort oder ein anderes Attribut.

2. "了"表示情况的变化(2) "了" zum Ausdruck einer Situationsveränderung (2)

In Sätzen, in denen das Prädikat aus einer Nominalphrase, Subjekt–Prädikat–Phrase oder einem Modalverb besteht, kann dahinter "了" stehen, um eine Veränderung der

Situation oder den Beginn einer neuen Situation zu bezeichnen. Diese Art von Sätzen dient als Erinnerung oder um die Aufmerksamkeit von jemandem zu wecken. Zum Beispiel

A：现在几点了？

B：现在八点半了。

A：他几岁了？

B：他三十岁了。

我妈妈身体好了，现在可以上班了。

现在他们人退休了，休闲的时间也多了。

丁力波会打太极拳了。

现在可以进来了。

Die Frageform "...了+没有?" hat dieselbe Bedeutung wie die V/Adj + Negation + V/Adj - Frage. Zum Beispiel

她身体好了没有？

3. 情态补语(2) Das Modalkomplement (2)

Neben der Beschreibung einer Bewegung oder Handlung an sich kann das Modalkomplement auch den Zustand des Subjekts (Person oder Sache) beschreiben, der durch eine Bewegung oder Handlung entstanden ist.

Zum Beispiel

他们玩儿得很高兴。

水果洗得干干净净的。

Adjektivphrasen dienen häufig als Modalkomplemente. Verbalphrasen, Subjekt-Prädikat-Phrasen oder andere Komplemente können ebenso als Modalkomplemente verwendet werden. Zum Beispiel

那儿安静得没有一点儿声音。(Verbalphrase)

他们下棋下得忘了吃饭。

他们忙得没有时间唱京剧。

他们扭得全身出汗。(Subjekt–Prädikat–Phrase)

他高兴得跳起来。(Richtungskomplement)

我累得躺在床上。(Ergebniskomplement)

4. 又…又… Die Konstruktion “又…又…”

Auf “又”(3) folgen Verben/Adjektive oder Verbal– oder Adjektivphrasen zum Ausdruck dessen, dass mehrere Handlungen oder Zustände gleichzeitig stattfinden oder existieren. Zum Beispiel

他们又唱又跳。

那些人又说又笑,真高兴。

秧歌舞的动作又简单又好看。

这个姑娘又年轻又漂亮。

他在北京又工作又学习。

六. 字与词 Chinesische Schriftzeichen und Wörter

构词法 (4):动宾式 Wortbildungsmethoden (4): Aus Verb und Objekt zusammengesetzte Wörter

Das erste Schriftzeichen definiert oder beschränkt die Bedeutung des zweiten, z. B. “结+果→结果”. Weitere Beispiele

说话 食物 聊天 照相 送礼 下棋 结业 吃饭 放心 放假

挂号 烤鸭 排队 起床 散步 跳舞 唱歌 开车 看病 罚款

Lin Na und Ding Libo wollen am “Wettbewerb für Chinakenner” teilnehmen. Sie bitten Song Hua, ihnen bei der Vorbereitung zu helfen. Lesen Sie das folgende Gespräch und sehen Sie, wie die Vorbereitungen vorankommen.

第三十一课 Lektion 31

中国人叫她“母亲河”

一. 课文 Texte

(一)

林　娜：宋华，学校让我和力波参加“中国通知识大赛”。我们虽然来中国一年多了，可是对中国的地理知识还了解得不太多。现在只有一个多月的时间准备了，我们着急得吃不下饭，睡不好觉。①

宋　华：一共有多少人参加这次比赛？

丁力波：听说有二十几个人。

宋　华：不用着急。你们只要认真准备，就一定会得到好的成绩。

【表示鼓励】
Jemanden anspornen

丁力波：你帮我们准备一下，好吗？

宋　华：好啊。我先问你们一个问题：中国很大，有多大呢？

【询问事物的性状】
Nach Eigenschaften fragen

丁力波：中国的面积有九百六十万平方公里，[2]从东到西，有五千多公里，从南到北，有五千五百多公里，是世界第三大国家。

林　娜：对。俄罗斯最大。中国比美国大一点儿，比加拿大小一点儿。

宋　华：中国的人口有多少？

丁力波：中国的人口，包括大陆、台湾、香港和澳门，一共有十二亿九千多万人。[3]中国是世界上人口最多的国家。

宋　华：回答正确。下一个问题：世界上最高的地方在哪儿？

林　娜：在中国的西藏。

宋　华：世界上最高的山峰叫什么？它有多高？

丁力波：世界上最高的山峰叫珠穆朗玛峰，它有8800多米高。

宋　华：中国最长的河是不是黄河？

林　娜：不是。中国第一大河是长江，有6300多公里长。它也是世界第三大河。黄河是中国第二大河，有5400多公里长。

宋　华：中国人为什么叫黄河母亲河？

丁力波：黄河是中华民族的摇篮，所以中国人叫她“母亲河”。[4]

名胜古迹

生词 Neue Vokabeln

1.	母亲	N	mǔqīn	Mutter　我母亲
	母	N	mǔ	Mutter
2.	河	N	hé	Fluss　小河，大河，第一大河，母亲河，一条河
3.	知识	N	zhīshi	Wissen　文化知识，历史知识，音乐知识，知识比赛，知识大赛
4.	地理	N	dìlǐ	Geografie　中国地理，中国的地理知识
5.	只要	Konj	zhǐyào	solange, nur wenn
6.	成绩	N	chéngjì	Leistung, Ergebnis　学习成绩，考试成绩，比赛成绩，好的成绩
7.	面积	N	miànjī	Fläche　中国的面积，北京的面积
8.	万	ZW	wàn	zehntausend　一万，十万，一百万，一千万
9.	平方公里	ZEW	píngfāng gōnglǐ	Quadratkilometer　九百六十万平方公里
	平方	N	píngfāng	Quadrat　平方米
	公里	ZEW	gōnglǐ	Kilometer　五千五百多公里，六千三百多公里长，五千四百多公里长
10.	世界	N	shìjiè	Welt　世界上，全世界，世界有名
11.	人口	N	rénkǒu	Bevölkerung　中国人口，有多少人口，人口最多的国家
12.	包括	V	bāokuò	enthalten, beinhalten　包括小孩，包括郊区
13.	亿	ZW	yì	hundert Millionen　十二亿九千多万，十三亿人口
14.	正确	Adj	zhèngquè	richtig, korrekt　正确的回答，正确的看法，正确的意见，正确的方式
15.	山峰	N	shānfēng	Bergspitze　最高的山峰

16. 米	ZEW	mǐ	Meter	八千八百多米高,一米八,一米七五
17. 摇篮	N	yáolán	Wiege	民族的摇篮,小孩的摇篮
18. 俄罗斯	EN	Éluósī	Russland	
19. 大陆	EN	Dàlù	das chinesische Festland	
20. 台湾	EN	Táiwān	Taiwan	
21. 香港	EN	Xiānggǎng	Hong Kong	
22. 澳门	EN	Àomén	Macau	
23. 西藏	EN	Xīzàng	Tibet	
24. 珠穆朗玛峰	EN	Zhūmùlǎngmǎ Fēng	Mt. Everest, Chomolungma	
25. 黄河	EN	Huáng Hé	Gelber Fluss	
26. 长江	EN	Cháng Jiāng	Changjiang (oder Yangtze)	
27. 中华	EN	Zhōnghuá	China	

(二)

宋　华：大为，刚才有人给你打电话了。

马大为：那可能是我的一个朋友打来的。要放长假了，有几个朋友想去旅游，可是还没有决定去哪儿。

宋　华：中国的名胜古迹太多了，有名的少说也有五六百个。⑤

只要你喜欢旅游，每个假期都有地方去。

马大为：先去哪儿呢？我已经去过两三个地方了，比如海南岛、西安。对了，还有泰山。

宋　华：你喜欢游名胜古迹，还是喜欢看自然景色？

马大为：都喜欢。我特别喜欢爬山，爬又高又美的山。

宋　华：好啊。去爬珠穆朗玛峰吧，那是全世界最高的山。

马大为：那座山高了点儿，我的身体差了点儿，时间也少了点儿。

宋　华：黄山你还没有去过吧？

马大为：还没去过。黄山怎么样？

宋　华：那儿的景色是世界有名的。早在 1200 多年以前，黄山就已经是中国的名胜了。[6] 你在那儿可以看到，从早到晚景色在不停地变化着。而且不同的人看，感觉也不一样。它最美的景色是白云、松树和山峰。你从山上往下看，白云就像大海一样，[7] 人们叫它“云海”。黄山的松树和山峰也都很有特色。很多山峰样子都非常奇怪，所以叫做“奇峰”，松树就长在这些奇峰上。云海、松树和奇峰在一起真是美极了！不但中国人喜欢游黄山，而且外国朋友也常去那儿。

【描写景色】
eine Landschaft beschreiben

马大为：黄山有一棵树叫做“迎客松”吧？

宋　华：对！那棵古松有1000多岁了，它每天都在热情地欢迎游黄山的朋友们。

马大为：好，下星期我就去黄山旅游。

生词 Neue Vokabeln

1. 旅游	V	lǚyóu	(ver) reisen	去旅游，去西安旅游
游	V	yóu	reisen	游泰山，游海南岛
2. 名胜古迹	R	míngshèng gǔjì	(landschaftliche und historische) Sehenswürdigkeiten	游名胜古迹，名胜古迹很多
名胜	N	míngshèng	(touristische) Sehenswürdigkeit	
古迹	N	gǔjì	(historische) Sehenswürdigkeit	
3. 自然	Adj/N	zìrán	natürlich / Natur	自然景色，声调很自然，说得很自然
4. 感觉	N/V	gǎnjué	spüren, fühlen / Gefühl	我的感觉，感觉不一样
5. 云	N	yún	Wolke	白云
6. 松树	N	sōngshù	Kiefer, Fichte	
树	N	shù	Baum	
7. 海	N	hǎi	Meer	大海，像大海一样
8. 奇怪	Adj	qíguài	merkwürdig, seltsam	奇怪的山峰，奇怪的样子
9. 棵	ZEW	kē	(Zähleinheitswort für Bäume und Pflanzen)	一棵树，一棵蔬菜
10. 黄山	EN	Huáng Shān	Huangshan (ein Berg)	
11. 迎客松	EN	Yíngkèsōng	Kiefer, die die Gäste willkommen heißt (auf dem Huangshan)	

补充生词 Zusätzliche Vokabeln

1. 南水北调	R	nán shuǐ běi diào	Wasser aus dem Süden nach Norden umleiten
2. 运河	N	yùnhé	Kanal
3. 工程	N	gōngchéng	Bauprojekt
4. 挖	V	wā	(aus) graben
5. 柳树	N	liǔshù	Weide
6. 汇合	V	huìhé	zusammenfließen
7. 通航	VO	tōngháng	für den Flug- oder Schiffsverkehr geöffnet
8. 段	N/ZEW	duàn	Abschnitt; Teil
9. 研究	V	yánjiū	(er) forschen, untersuchen
10. 引	V	yǐn	ziehen, ausweichen
11. 改善	V	gǎishàn	verbessern
12. 杭州	EN	Hángzhōu	Hangzhou (eine Stadt in China)
13. 隋炀帝 (604—617)	EN	Suí Yángdì	Kaiser Sui Yandi (ein Kaiser der Sui-Dynastie)
14. 江南	EN	Jiāngnán	Region südlich des Unterlaufs des Changjiang
15. 扬州	EN	Yángzhōu	Yangzhou (eine Stadt in China)

二. 注释 Anmerkungen

① 我们着急得吃不下饭，睡不好觉。

"Wir sind so aufgeregt, dass wir keinen Bissen herunter bekommen und nicht richtig schlafen können."

② 中国的面积有九百六十万平方公里。

"Chinas Fläche beträgt 9,6 Mio. km^2."

Die Konstruktion "有+ ZW-ZEW(+ Adj)" wird verwendet, um physische Merkmale wie Größe, Fläche, Gewicht, Höhe und Alter in Zahlen anzugeben. Das Adjektiv am Satzende beschreibt eine Eigenschaft, wie z. B. "大,高,长 und 重". Die Frageform lautet "有+多+A". Zum Beispiel

A：香港的面积有多大？　B：香港的面积有 1068 平方公里。

A：珠穆朗玛峰有多高？　B：珠穆朗玛峰有 8800 多米高。

A：长江有多长？　B：长江有 6300 多公里长。

A：这些苹果有多重？　B：这些苹果有 5 斤多重。

A：他有多大(岁数)？　B：他有三十多岁。

A：他有多高？　B：他有一米八五高。

"没(有)" wird zur Negation verwendet, zum Beispiel

他没有三十岁。

他没有一米八五高。

③ 中国的人口，包括大陆、台湾、香港和澳门，一共有十二亿九千多万人。

"Chinas Bevölkerung, einschließlich Festland, Taiwan, Hong Kong und Macau, beträgt 1,29 Mrd."

Das Verb "包括" bedeutet "enthalten, einschließen" (alles oder Teile von etwas), die negative Form lautet "不包括". Zum Beispiel

他每天在外边工作的时间，包括坐公共汽车，一共有十个小时。

我们系的学生，不包括旁听生(pángtīngshēng, Gasthörer)，有四百五十人。

④ 黄河是中华民族的摇篮，所以中国人叫她"母亲河"。

"Der Gelbe Fluss ist die Wiege der chinesischen Zivilisation. Deshalb nennen ihn die Chinesen 'Mutterfluss'."

Früher bezeichnete, "中华" das Tal des Gelben Flusses, wo sich die Han, die größte, Volksgruppe Chinas, zuerst niedergelassen und entfaltet hatte. Später wurde die Bezeichnung für ganz China verwendet und “中华民族” bezeichnet heute alle 56 Nationalitäten in China.

Verben wie “叫” oder “称” können zwei Objekte haben: “叫(称)+O_1+O_2”, (nennen, als etw. bezeichnen), das erste Nomen bezeichnet meist eine Person, das zweite einen Titel oder eine Bezeichnung für diese Person. Zum Beispiel

林娜叫丁力波“老画家”。

你可以叫出租汽车司机“师傅”。

大家称他园艺师。

⑤ 有名的少说也有五六百个。

“Es gibt mindestens 500–600 berühmte.”

“少说” bedeutet “mindestens, wenigstens”. Zum Beispiel

今天来的人很多,少说也有七八百人。

这是一棵老树,少说也有六百年了。

⑥ 早在1200多年以前,黄山就已经是中国的名胜了。

“Bereits vor mehr als 1200 Jahren war der Huangshan eine berühmte landschaftliche Sehenswürdigkeit Chinas.”

“早在…以前” bedeutet “bereits vor”. Zum Beispiel 早在一个月前,早在1950年.

⑦ 白云就像海一样。

“Die weißen Wolken sehen aus wie das Meer.”

Die Präposition “像” bedeutet “aussehen wie, ähneln”. “像+NP+一样” wird ähnlich verwendet wie “跟+NP+一样”. Zum Beispiel kann man anstelle von “白云就像大海一样” sagen “白云就跟大海一样”.

三. 练习与运用 Übungen und Anwendung

Schlüsselsätze

1. 中国面积有九百六十万平方公里。
2. 珠穆朗玛峰有8800多米高。
3. 我已经去过两三个地方了。
4. 刚才有人给你打电话了。
5. 听说有二十几个人参加比赛。
6. 黄山有一棵树叫做"迎客松"吧?
7. 你们只要认真准备,就一定会得到好的成绩。
8. 中国人叫她"母亲河"。

1. 熟读下列短语 Lesen Sie die folgenden Wortgruppen und prägen Sie sie sich ein

(1) 几件事儿　十几盆君子兰　几十匹马　三十几位老师
几百块钱　十多斤水果　二十多岁　三十多瓶啤酒
二百多位书法家　一千多块钱　一斤多点心
5米多布　2个多小时　3个多星期　7个多月
两三幅字画　三四部电影　一二十种月饼
五六十篇文章　七八百辆汽车

(2) 五万七千五百六十六公里(57566公里)
三十四万二千多公里(342003公里)
五百万零九十五平方米(5000095平方米)
九百六十万平方公里(9600000平方公里)
十二亿九千多万人(1290000000人)

(3) 有人敲门　有人找你　有人给你打电话
有一个姑娘很漂亮　有一位诗人叫李白

2. 句型替换 Substitutionsübungen

(1) 珠穆朗玛峰有多高？

珠穆朗玛峰有8800多米高。

中国的人口	多少	1290000000人
上海的人口	多少	13340000多人
中国的面积	多大	9600000平方公里
北京的面积	多大	16800多平方公里
这条河	多长	5400多公里长

(2) 这座桥有没有50米长？

这座桥没有50米长，只有40多米。

你朋友	1米90	高	1米85
这件衣服	50公分	长	48公分
这座小山	500米	高	300多米
你家的房子	200平方米	大	150多平方米
这个烤鸭	3斤	重	2斤多

(3) 有人给你打电话了。

是谁？

不知道。

人	敲门
一位小姐	在楼下等你
人	找你
几位老人	走过来了

(4) 中国人叫她什么？

中国人叫她“母亲河”。

同学们	他	中国通
南方人	妈妈的母亲	外婆
王小云	那个人	舅舅
他	自己	老画家
队员们	他	王教练

(5) 他们怎样才会得到好的成绩?

他们只要认真准备,就会得到好的成绩。

大家	能学好汉语	认真地练习
他们	可以参加比赛	愿意去
同学们	会有一个健康的身体	每天锻炼

(6) 只要你喜欢旅游,每个假期都有地方去。

他提出来	我们都会帮助他
你们欢迎	他们都想参加扭秧歌
你有时间	每天早上都可以来练太极剑

3. 课堂活动 Aktivitäten im Seminarraum

(1) Üben Sie die Verwendung der Konstruktion "有+多+A" mit Dingen, die sich in Ihrer Nähe befinden. Bilden Sie zu zweit Fragen und Antworten.

(2) Ein Student nennt eine Bedingung mit "只要", ein anderer nennt die Folge mit "就". Zum Beispiel

A:只要不下雨,

B:我就在外面跑步,

C:公园里就会有很多人。

……

4. 会话练习 Dialogübungen

Idiomatische Wendungen im Gespräch
不用着急 (Keine Sorge...)
少说也有…… (Es sind wenigstens...)
早在…… (Bereits...)
像……一样 (ähneln...)

[表示鼓励 Jemanden anspornen]

A：我已经练了少说也有一个多月了，可是还没有学会。真太难了。

B：不用着急，你刚开始学，还不习惯，当然会觉得难。这是很自然的，以后就会容易一些。

A：我看我不可能学会了，我真不想练了。

B：你说到哪儿去了？你已经有了很大的进步，只要你每天都认真地练，就一定能练好。

[询问事物性状 Nach Eigenschaften fragen]

A：听说泰山是中国最有名的名胜古迹之一，它的面积有多大？

B：它的面积有426平方公里。

A：泰山有多高？

B：它的最高的山峰有1545米。唐代的一位诗人(shīrén, Dichter)说过，“会当凌绝顶，一览众山小”(Huì dāng líng jué dǐng, yì lǎn zhòng shān xiǎo)。意思是说，只要登上泰山最高的山峰，你就会觉得别的山峰又低又小。

5. 看图说话 Beschreiben Sie das Bild

(名胜、景色、早在、特色、奇怪、变化、像……一样)

6. 交际练习 Konversationsübungen

(1) Beschreiben Sie Ihren Kommilitonen die Hauptstadt Ihrers Heimatlandes. Verwenden Sie Näherungszahlen zur Angabe von Fläche und Bevölkerung usw.

(2) Beschreiben Sie Ihren Kommilitonen die Sehenswürdigkeit in Ihrem Heimatland, die Ihnen am besten gefällt. Schreiben Sie danach das Gesagte auf.

四. 阅读和复述 Leseverständnis und Nacherzählung

南水北调

京杭大运河是世界上最长的运河。它从北京到杭州，有 1749 公里长。京杭大运河跟长城一样，也是中国古代有名的大工程。

早在 1500 多年前，中国人就开始挖这条运河。那时候的皇帝隋炀帝三次去江南旅游，都是从运河坐船去的。他还让人们在运河两岸种了很多柳树，因为隋炀帝姓“杨”，人们就把这种柳树叫做“杨柳”。

中国的大河，比如长江、黄河，都是从西向东，只有大运河是南北方向，把这些主要的大河连接起来。在中国古代，运河里南来北往的船很多。扬州是长江跟运河汇合的地方，那时候的扬州是一座非常热闹的城市。后来，因为北方雨水少，运河的北段早就不能通航了，只有南段还能通航。

中国北方没有什么大河，水很少；而南方的大河比较多，水也多。经过多年的调查研究，政府打算从扬州把一部分长江的水引到运河，再经过运河向北方送水。这叫“南水北调”。虽然这还只是“南水北调”工程的一部分，但是，它对改善北方人民的生活条件是非常重要的。

现在京杭大运河北京地区的一段已经通航了，人们又看到了古代运河的景色。等到大运河全部通航以后，人们就可以从北京坐船去杭州旅游，看一看运河两岸的景色，了解一下古老而又年轻的运河文化。那该是多么美好的事啊！

五. 语法 Grammatik

1. “万”以上的称数法 Zahlen über 10.000

Die folgenden Schriftzeichen werden zur Angabe der Grundeinheiten im chinesischen Zahlensystem verwendet: “个” (Einer), “十” (Zehner), “百” (Hunderter), and “千” (Tausender). Für die Zahlen von zehntausend bis 10 Millionen ist die Grundeinheit: “万” (zehntausend), “十万” (hunderttausend), “百万” (Million), und “千万” (zehn Millionen). Für die Zahlen von hundert Millionen bis hundert Milliarden ist die Grundeinheit “亿”, was “万万” entspricht. Zum Beispiel

……千 百 十 万 千 百 十 万 千 百 十 个
亿 亿 亿 万 万 万 万
(亿)

1 0 0 0 9 wird gelesen “一万〇九” und nicht ⊗“十千〇九”
2 5 0 0 0 0 wird gelesen “二十五万” und nicht ⊗“二百五十千”
1 7 5 9 9 9 8 wird gelesen “一百七十五万九千九百九十八”
4 1 6 8 3 0 0 0 wird gelesen “四千一百六十八万三千”
1 2 9 0 0 5 7 0 2 0 wird gelesen “十二亿九千〇五万七千〇二十”

Hinweise: (1) Folgen in einer mehrstelligen Zahl mehrere “Nullen” aufeinander, wird nur einmal “零”gelesen. Zum Beispiel wird 10.009 “一万零九”gelesen.

(2) Steht eine Null an letzter Stelle, wird sie nicht separat gelesen. So wird zum Beispiel 10.500 “一万零五百” gelesen.

2. 概数 Näherungszahlen

(1) 用“几”表示概数 Verwendung von “几” zur Angabe von Näherungszahlen

几+ZEW+N 他买了几本书。 (Er hat einige Bücher gekauft.)

几+“十/百/千/万/亿”+ZEW+N   今年语言学院来了几百个留学生。(In diesem Jahr waren mehrere hundert Auslandsstudenten am Spracheninstitut.)

“十”+几+ZEW+N   前边来了十几个人。   (Über 10 Personen kommen auf uns zu.)

这辆车用了二十几万块钱。 (Dieses Auto kostet über 200.000 Yuan.)

(2) 用“多”表示概数 Verwendung von “多” zur Angabe von Näherungszahlen

A.“多” steht hinter einer Zahl, die größer als zehn ist. Damit wird eine Näherungszahl gebildet, die um ganze Zahlen größer ist. Zum Beispiel

“十/百/千/万”+多+ ZEW + N/Adj

10	多	本	词典	(mehr als 10 Wörterbücher)
1000	多	岁		(über 1000 Jahre alt)
8800	多	米	高	(über 8000 Meter hoch)
1200	多	年	历史	(eine Geschichte von über 1200 Jahren)

B.“多” steht hinter einer Zahl mit einem Zähleinheitswort, die kleiner als zehn ist oder mehrere Stellen hat. Damit wird eine Näherungszahl gebildet, die um einen Bruchteil größer ist. Zum Beispiel

ZW + ZEW + 多 (+ N)

两	斤	多	葡萄	(über zwei Pfund Weintrauben)
十四	米	多	白布	(ein Stück weißer Stoff, das länger als 14 Meter ist)
一	个	多	月	(über einen Monat)
254	块	多	钱	(über 254 Yuan)

(3) Zwei benachbarte Zahlen werden zur Angabe von Näherungszahlen verwendet. Zum Beispiel 一两个, 二三十, 四五百, 六七千, 八九万, 三四十万.

3. 兼语句(2) Sätze mit Doppelfunktionswort (2)

Das Verb “有” kann zur Bildung von Sätzen mit Doppelfunktionswort verwendet werden. Das Objekt von “有” bezeichnet eine Person oder Sache, die existiert und zugleich Subjekt des zweiten Verbs ist. Oft haben Sätze dieser Art kein Subjekt für den gesamten Satz.

Subjekt	*Prädikat*				
	V₁ "有"	O_1	(S_2)	V_2	O_2
	有		人	敲	门。
	有	多少	人	参加	比赛?
	(没)有		人	给你 打	电话。
	有	几个	朋友	想去	旅游。
黄山	有	一棵	树	叫做	"迎客松"。

4. 只要……，就…… Die Konstruktion "只要…就…"

"只要" kann vor oder hinter dem Subjekt des ersten Teilsatzes stehen und bringt eine notwendige Bedingung zum Ausdruck. "就" (manchmal ausgelassen) führt das Ergebnis ein. Zum Beispiel

你们只要认真准备，就会得到好的成绩。

同学们只要每天都练，就一定能把字写好。

只要你喜欢旅游，每个假期都有地方去。

只要天气好，我们就一定去。

六. 字与词 Chinesische Schriftzeichen und Wörter

构词法(5)：主谓式 Wortbildungsmethoden(5)：Aus Subjekt und Prädikat zusammengesetzte Wörter

Zwischen dem ersten und zweiten Schriftzeichen eines zusammengesetzten Wortes besteht ein ähnliches Verhältnis wie zwischen Subjekt und Prädikat, z. B. "年+轻→年轻". Weitere Beispiele：圣诞，水平 und 头疼.

Auf dem Huangshan trifft Ma Dawei auf einen chinesischen Reisenden, der ihm viele persönliche Fragen stellt, die in westlichen Ländern als unangemessen gelten. Um mehr über die kulturellen Unterschiede in Bezug auf die Privatsphäre zu erfahren, stellt Ma Dawei ihm absichtlich ein paar ähnliche Fragen.

第三十二课 Lektion 32 (复习 Wiederholung)

这样的问题现在也不能问了

一. 课文 Texte

马大为：请问，从这条小路能上山顶吗？

小伙子：我想可以。我也要上去，咱们一起往上爬吧。

马大为：好啊！

小伙子：您第一次游览黄山吧？您怎么称呼？①

马大为：我叫马大为。

小伙子：太巧了，我也姓马，你叫我小马吧。② 我看你的岁数跟我的差不多，③ 可能大一点儿。你今年有二十五六了吧？

【猜测】 Vermutung

马大为：你就叫我老马。

小伙子：你在哪儿工作？

马大为：我还在读书呢。④

小伙子：哦，你是留学生。你汉语说得真棒！

马大为：很一般。

小伙子：我见过几位老外，他们汉语说得没有你好，你说得最好。你们来中国留学，父母还得给你们很多钱吧？

马大为：不一定。

小伙子：那你得一边学习一边挣钱了？结婚了没有？

马大为：你累不累？我又热又累，咱们喝点儿水吧。我说小马，你在哪儿工作？

小伙子：我在一家网络公司工作。

马大为：哦，你是搞网络的，工资一定很高吧？

小伙子：不算太高。[5]

【模糊表达】
eine vage Antwort geben

马大为：我想只要在高新技术企业工作，收入就不会低。

小伙子：那也得看公司和个人的情况。[6]

马大为：你们公司怎么样？

小伙子：还行吧。[7]

马大为：你的收入一定不低了？

小伙子：我去年才开始工作，收入还凑合。

马大为："还凑合"是什么意思？

小伙子：就是"马马虎虎"的意思。

马大为：啊！你看，那边围着很多人，那不是"迎客松"吗？

小伙子：是，就是那棵"迎客松"。大家都在那儿照相呢，咱们也去照张相吧。

马大为：好啊！

生词 Neue Vokabeln

1. 游览	V	yóulǎn	besichtigen, eine Sehenswürdigkeit besuchen 游览黄山，游览长城，游览海南岛
览	V	lǎn	anschauen, besichtigen
2. 称呼	V/N	chēnghu	jn. anreden / Anrede 怎么称呼，正式的称呼，一般的称呼
称	V	chēng	nennen 称他老师，称自己小马
3. 巧	Adj	qiǎo	gelegen, gerade recht; zufällig; geschickt 太巧了，真巧，巧极了，她的手很巧
4. 差不多	Adj/Adv	chàbuduō	fast gleich / fast, nahezu 岁数跟我差不多，差不多都问到了
5. 读书	VO	dúshū	lesen, eine Schule besuchen 还在读书，在中学读书，读了很多书，读完这本书
读	V	dú	lesen 读《红楼梦》，读外语，读大学
6. 哦	Int	ó	oh, aha (Ausdruck des plötzlichen Erkennens, Verstehens) 哦，是你；哦，是这样
7. 棒	Adj	bàng	(umgangssprachlich) stark, prima 真棒，太棒了，棒极了
8. 留学	VO	liúxué	im Ausland studieren 来中国留学，出国留学，留了几年学
9. 父母	N	fùmǔ	Eltern 我的父母
父	N	fù	Vater
10. 挣	V	zhèng	etw. verdienen 挣钱，挣多少钱
11. 结婚	VO	jiéhūn	heiraten 结婚了没有，跟谁结婚
12. 网络	N	wǎngluò	Internet 网络公司

13. 搞	V	gǎo	etw. machen, sich mit etw. befassen 搞网络，搞美术，搞音乐
14. 工资	N	gōngzī	Lohn, Gehalt 挣工资，拿工资，给工资
15. 算	V	suàn	zählen, berechnen; als etw. gelten 不算高，不算多
16. 高新技术	NP	gāo xīn jìshù	neue und Hochtechnologie 搞高新技术
17. 企业	N	qǐyè	Unternehmen 高新技术企业，中小企业，企业管理
18. 个人	N	gèrén	Individuum 个人的情况，个人的事情，我个人
19. 凑合	V	còuhe	(umgangssprachlich) es geht so, passabel 还凑合，收入还凑合，电影还凑合
20. 照相	VO	zhàoxiàng	fotografieren 照(一)张相

(二)

宋　华：这次旅游怎么样？

马大为：好极了，黄山的名胜古迹我差不多都欣赏了。美丽的黄山真是名不虚传。

宋　华："名不虚传"用得真地道。

马大为：这是跟一起旅行的中国朋友学的。不过，聊天的时候，几个中国朋友把我围在中间，问了很多问题，问得我没办法回答。

宋　华：他们问了你一些什么问题？

马大为：差不多把个人的隐私都问到了，比如，问我多大、家里有几口人、每月挣多少钱、结婚没有、有没有住房什么的。[8] 对了，还问我的背包是多少钱买的。

宋　华：这是关心你嘛！

马大为：可是我们认为这些都是个人的隐私。别人愿意说，你可以听着；如果别人不想说，这些问题就不能问。

宋　华：对这些问题，我们的看法是不太一样。我们认为，问这些只表示友好和关心。

马大为：我拿多少工资是我自己的事儿，他为什么要知道？我被他们问得不知道该怎么办，这哪儿是关心？

宋　华：问问题的小伙子可能很少见到外国人，他有点儿好奇，就问得多一些。你知道吗？中国人以前收入都不太高，收入当然是最重要的一件事儿。所以互相问工资是表示关心。

【解释】
eine Erläuterung geben

马大为：哦，是这样。可是，我问那个小伙子每月挣多少钱，他也不愿意把他的工资收入清清楚楚地告诉我。

宋　华：可以说以前这不是隐私，可是现在是了，这样的问题现在也不能问了。不过，这也是向西方文化学的。

马大为：你们学得真快。宋华，今天我也想关心你一下：你爸爸、妈妈每月有多少工资，你能告诉我吗？

宋　华：可以。“比上不足，比下有余”，够花了。[9]

生词 Neue Vokabeln

1.	欣赏	V	xīnshǎng	sich an etw. erfreuen, genießen 欣赏自然景色,欣赏音乐,欣赏越剧,欣赏书法,欣赏字画
2.	美丽	Adj	měilì	schön 美丽的黄山,美丽的姑娘,美丽的月亮,美丽的大海
3.	名不虚传	R	míng bù xū chuán	zu Recht in gutem Ruf stehen 真是名不虚传
4.	地道	Adj	dìdao	echt, rein 用得真地道,说得很地道,地道的汉语,地道的上海话
5.	中间	N	zhōngjiān	Mitte; zwischen 围在中间,坐在中间,客厅中间,舞台中间,书房中间
6.	办法	N	bànfǎ	Methode, Weg 有办法,没办法,用什么办法,想一个办法
7.	隐私	N	yǐnsī	Privatsphäre 个人的隐私,了解别人的隐私
8.	住房	N	zhùfáng	Wohnung, Zuhause 有没有住房,住房有多大,住房问题
9.	什么的	Pr	shénmede	(umgangssprachlich) und so weiter 书、报、本子什么的,结婚没有、有没有住房什么的
10.	背包	N	bēibāo	Rucksack 名牌背包,一个背包
	背	V	bēi	auf dem Rücken tragen 背东西
	包	N	bāo	Tasche; Bündel, Paket 书包
11.	关心	V	guānxīn	sich um etw. kümmern, etw. in Betracht ziehen 关心你,关心别人,关心这件事儿,关心世界,表示关心
12.	认为	V	rènwéi	denken, meinen 我认为很好

13.	友好	Adj	yǒuhǎo	freundschaftlich 表示友好，友好国家，对他们很友好
14.	好奇	Adj	hàoqí	neugierig 有点儿好奇，对外国风俗好奇
15.	清楚	Adj	qīngchǔ	deutlich, klar 说得很清楚，写得很清楚，清清楚楚地告诉我
16.	比上不足，比下有余	R	bǐ shàng bùzú, bǐ xià yǒuyú	nicht am besten aber auch nicht am schlechtesten sein; mittelmäßig
17.	够	Adj/V	gòu	genug, ausreichend / etw. reicht für 够用，够吃，够住，够高，够忙，不够热闹
18.	花	V	huā	ausgeben, aufwenden 不够花，花钱，花时间

补充生词 Zusätzliche Vokabeln

1.	工程师	N	gōngchéngshī	Ingenieur
2.	外资	N	wàizī	ausländisches Kapital
3.	部门	N	bùmén	Behörde, Amt, Abteilung
4.	竞争	V/N	jìngzhēng	miteinander konkurrieren/Wettbewerb
5.	激烈	Adj	jīliè	heftig, erbittert
6.	工具	N	gōngjù	Werkzeug
7.	经验	N	jīngyàn	Erfahrung
8.	学历	N	xuélì	Bildungsgang
9.	淘汰	V	táotài	etw. aussondern, ausscheiden
10.	支持	V	zhīchí	unterstützen
11.	前途	N	qiántú	Zukunft, Perspektiven
12.	王兴	EN	Wáng Xīng	Wang Xing (Personenname)

二. 注释 Anmerkungen

① 您怎么称呼？

"Wie darf ich Sie anreden?"

Das ist eine höfliche Frage nach jemandes Namen. Als Antwort kann man sagen "我姓…,叫…".

② 你叫我小马吧。

"Nennen Sie mich einfach Xiao Ma."

"小" oder "老" können als Form einer weniger förmlichen Anrede vor einsilbigen Familiennamen stehen. Zum Beispiel sind "老张" und "小王" weniger förmlich als "张先生" oder "王小姐". Diese Form der Anrede wird für Freunde oder Bekannte verwendet. "小+姓" wird normalerweise zur Anrede von jüngeren Personen verwendet, "老+姓" dagegen für Personen mittleren Alters oder älter. Wenn Ma Dawei sagt "你就叫我'老马'", verwendet er "老" ironisch. "小" oder "老" werden nicht zur Anrede von Familienmitgliedern, Verwandten oder Personen von höherem sozialen Status verwendet.

③ 我看你的岁数跟我的差不多。

"Es scheint, als ob wir etwa dasselbe Alter haben."

Als Adjektiv wird "差不多" häufig als Prädikat in der Bedeutung "etwa gleich" verwendet. Zum Beispiel

这个故事跟那个故事差不多。

这两件衣服样子差不多。

Als Adverb steht "差不多" häufig vor einem Verb oder Adjektiv in der Bedeutung "fast". Zum Beispiel

黄山的名胜古迹我差不多都去了。

大家差不多走了两个小时。

他和我差不多高。

④ 我还在读书呢。

"Ich gehe noch zur Schule."

Hier bedeutet “读书” “zur Schule gehen”. Zum Beispiel

王小云没有工作,她还在语言学院读书呢。

她弟弟现在还在中学三年级读书呢。

⑤ 不算太高。

“Nicht so hoch.”

“算” bedeutet “als etw. gelten”. Manchmal wird das Verb “是” an “算” hinzugefügt. Zum Beispiel

今天不算热。

他这次考试算是很好了。

⑥ 那也得看公司和个人的情况。

“Das hängt aber auch von der Situation des Unternehmens und den persönlichen Umständen ab.” Hier bedeutet “看” “abhängen von”. Zum Beispiel

明天去不去游览,得看天气情况。

考试成绩好不好,得看准备得怎么样。

⑦ 还行吧。

“Ganz gut.”

Das Adverb “还”(5) bedeutet “recht, ziemlich” und bringt zum Ausdruck, dass etwas weder sehr gut noch sehr schlecht ist. Zum Beispiel 还可以, 还好, 还不错, 还凑合.

⑧ 问我多大、家里有几口人、每月挣多少钱、结婚没有、有没有住房什么的。

“(Er hat) nach meinem Alter, meiner Familie, Gehalt, Familienstand, Wohnsituation usw. gefragt.”

“什么的” steht hinter einer oder mehreren parallelen Wortgruppen und bedeutet “und so weiter”. Es wird in der Umgangssprache verwendet. Zum Beispiel

我喜欢听中国民族音乐什么的。

星期六他常去看电影、听音乐、唱京剧什么的。

> Hinweis: Die Wörter und Wendungen 棒, 还行 und 还凑合 aus dieser Lektion werden ebenfalls in der Umgangssprache verwendet.

⑨ 够花了。

"Genug (Geld) zum Ausgeben."

"够+" wird verwendet um auszudrücken, dass etwas in ausreichender Menge vorhanden ist, um einen bestimmten Zweck zu erfüllen. Das Verb ist in der Regel einsilbig. Zum Beispiel

他每月的工资够用了。

我们带两瓶水够喝了。

"够+Adj" wird verwendet um auszudrücken, dass etwas ein bestimmtes Niveau oder Ausmaß erreicht hat. Zum Beispiel

这块布够长了,可以做一件衣服。

他已经够忙了,你别再去麻烦他了。

三. 练习与运用 Übungen und Anwendung

Schlüsselsätze

1. 您怎么称呼?
2. 你的岁数跟我的差不多。
3. 差不多把个人的隐私都问到了。
4. 问我多大、结婚没有、有没有住房什么的。
5. 我被他们问得没办法回答。
6. 工资不算太高。
7. 那也得看公司和个人的情况。
8. 你汉语说得真棒!

1. 熟读下列短语 Lesen Sie die folgenden Wortgruppen und prägen Sie sie sich ein

(1) 跟演员差不多　跟司机差不多　跟老师写的差不多
跟我花的差不多　差不多都复习了　差不多都来了
差不多游览了一个星期　差不多花了 2000 块钱

(2) 搞艺术的　搞武术的　搞高新技术的　搞管理工作的
搞展览　搞活动　搞一个比赛　搞一个聚会

(3) 不算好　不算晚　不算太低　不算漂亮　　不算干净
算不错　算可以　算很努力　算比较地道　算最便宜

(4) 得看天气好不好　得看时间够不够　得看人多不多
得看工作忙不忙　得看身体好不好　得看大家的意见怎么样

2. 句型替换 Substitutionsübungen

(1) 网络公司的收入怎么样？
网络公司的收入跟这个企业差不多。

这件衣服的样子	那个商店卖的
这个故事	我读过的
她每月花的钱	我花的
他唱京剧	演员唱的

(2) 他游览黄山的名胜古迹了没有？
他差不多都游览了。

修整那些盆景	都修整完了
欣赏这些字画	欣赏了一个上午
请他的好朋友来	都请来了
结婚	结婚两年了

(3) 他们问你问题了吗？
问了，我被他们问得真没办法回答。

聊天	聊	看书
跳舞	跳	睡觉
敲锣打鼓	敲	休息

(4) 他做什么工作？
他是搞网络的，是个一般工作人员。

艺术	书法家
高新技术	工程师(gōngchéngshī, Ingenieur)
管理工作	经理
武术	教练

(5) 我带了1000块钱，够不够？
我看够花了。

准备	20瓶水	喝
买	50张纸	画
借	6本小说	看
租	10个光盘	听

3. 课堂活动 Aktivitäten im Seminarraum

(1)Ein Student stellt eine Frage, ein anderer antwortet mit einer Aufzählung, die mit “什么的” abgeschlossen wird. Zum Beispiel

A：你喜欢吃什么中餐？

B：我喜欢吃烤鸭、涮羊肉、点心什么的。

(2) Ein Student nennt etwas aus dem Alltag (wie ein Buch, einen Film, ein Produkt) . Die anderen Studenten äußern ihre Meinung dazu mit Wörtern oder Wendungen, die einen bestimmten Grad zum Ausdruck bringen:

好极了，最好，太好了，太棒了

非常好，实在好，真好，真棒，很好

比较好，不错，还好，还可以，还行，还凑合，马马虎虎，不太好

不好，差，糟糕，坏

4. 会话练习 Dialogübungen

Idiomatische Wendungen im Gespräch
您怎么称呼 (Wie darf ich Sie anreden?)
还行 (Ganz gut.)
还凑合 (Ganz passabel.)
真棒 (Wirklich gut.)
不算太高 (Nicht so groß/hoch.)
……什么的 (...und so weiter.)
得看…… (hängt ab von...)

[认识 Jemanden kennenlernen]

A：请问，您怎么称呼？

B：我姓丁，叫丁强。

A：丁先生做什么工作？

B：别客气，就叫我小丁吧。我是搞旅游的。

[猜测 Eine Vermutung anstellen]

A：您是搞武术的吧？

B：对，我是武术教练。

A：您一定能教太极剑吧？

B：当然。谁要学？

A：我们这儿有一些武术爱好者，他们对太极剑很感兴趣。如果每星期学两次，每次一小时，一个月的时间差不多够了吧？

B：一共 8 个小时不够，少说也要 16 个小时。

[模糊表达 Eine vage Antwort geben]

A：老张，你们公司去年的收入很好吧？

B：还行。

A：工作人员的工资一定提高得很快。

B：不一定。得看个人的工作情况。

A：听说你们单位今年要进不少人。

B：不算太多，跟去年差不多。

A：我看今年你们公司会有很大的发展。

B：一般吧。

[解释 Eine Erklärung geben]

A：小王，什么事情让你不高兴？

B：上午经理找我了，他问了我很多问题，好像我做错了事儿。

A：他是关心你，可能他也想了解一下公司的情况。

B：可是这些事儿跟我没有关系。

A：经理刚从国外回来。你知道吗？最近大家对公司有不少意见。经理要跟每个人都聊一聊，可能是想了解大家的看法。他也找我聊了。

5. 看图说话 Beschreiben Sie die Bilder

(跟……一样、跟……差不多、跟……不一样)

(有/没有 热情)

(很/更/最 高)

(比 优美)

(有、是)

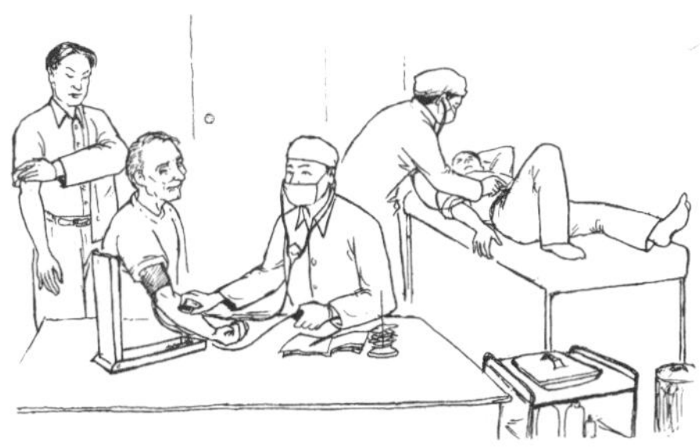

(站/坐/躺/等 着)

[爬、滑(huá, gleiten, rutschen)、坐、走、跑,上来、下去、过来、进来、进去]

6. 交际练习 Konversationsübungen

(1) Jemand wollte zu einer Party kommen, ist aber bisher noch nicht eingetroffen. Die Anwesenden stellen Vermutungen an, was mit ihm/ihr passiert sein könnte.

(2) Erklären Sie nach der Party anstelle der Person, warum er / sie nicht gekommen ist. Schreiben Sie danach das Gesagte auf.

四. 阅读和复述 Leseverständnis und Nacherzählung

经理上学

王兴今年 35 岁，在一家外资企业工作，是一个部门的经理。他妻子跟他在同一个企业工作，他们有一个可爱的孩子。去年，王兴向银行借钱买了一套房子，今年又买了小汽车，生活过得很不错。王兴想得最多的就是怎么挣更多的钱。

可是，最近王兴忙得休息的时间也没有了。他不再像过去那样，每到星期六就跟朋友们一起吃饭、聊天、唱歌、跳舞。他又去上学了，上了一个工商管理班。他自己交了 10 万块钱的学费，还加上每个星期六、星期天的休闲时间。

王兴已经是经理了，为什么还要去读书呢？这是因为他感到竞争越来越激烈了。他常跟妻子说："我在大学只学了英语，没有学过工商管理专业。可是外语只是一种工具，现在会英语的人也越来越多了。大学毕业以后，我换了五六家公司，虽然也得到了不少工作经验，但说到管理的专业知识，有很多都是我不知道的。特别是中国加入 WTO 以后，更感到自己知道得太少了。现在来我们公司找工作的年轻人，学历越来越高，知识也越来越新。跟他

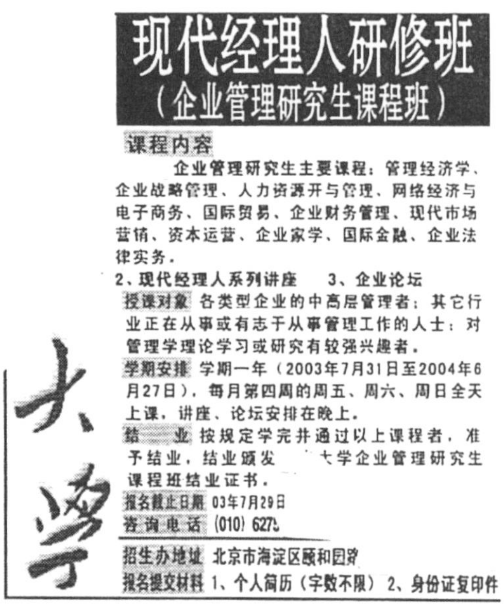

们相比，我现在有的那些知识和经验已经不够用了。如果再不学习，很快就有被淘汰的可能。所以我要再去学点儿新东西。”王兴的想法得到了妻子的支持，她希望他在今后的竞争中能有更好的前途。

五. 语法复习 Wiederholung der Grammatik

1. 结构助词“的、地、得” Die Strukturpartikeln “的、地、得”

(1) Die Strukturpartikel “的” wird zur Bildung von Attributen verwendet.

① “的” steht hinter einem attributiv gebrauchten Nomen zum Ausdruck von Besitz. Zum Beispiel

爸爸的西服

图书馆的书

“的” steht nicht, wenn das attributiv gebrauchte Nomen eine Eigenschaft oder ein Merkmal des Bezugswortes zum Ausdruck bringt. Zum Beispiel

中国人

语言学院

英语词典

② Hinter einem Personalpronomen verwendet, bringt “的” Besitz des Bezugswortes zum Ausdruck. Zum Beispiel

他的车

大家的看法

Bezeichnet das Bezugswort ein Familienmitglied, einen Verwandten oder den Arbeitsplatz, fällt “的” in der Regel weg. Zum Beispiel

她妈妈

我们学院

③ Wird ein zweisilbiges Adjektiv, eine Adjektiv-Phrase oder ein verdoppeltes Adjektiv als Attribut verwendet, wird in der Regel “的” verwendet, zum Beispiel

年轻的姑娘

最好的小伙子

很漂亮的围巾

干干净净的宿舍

Ist das Attribut ein einsilbiges Adjektiv, wird "的" in der Regel weggelassen. Zum Beispiel

男朋友

新汽车

大背包

④ Ist das Attribut ein Verb oder eine Verbalphrase, wird "的" verwendet. Zum Beispiel

工作的时候

来参观的学生

给妹妹买的礼物

在家里打的电话

⑤ Fungiert eine Subjekt-Prädikat-Phrase als Attribut, wird "的" verwendet. Zum Beispiel

宋华买的蛋糕

她送的花儿

头疼的病人

⑥ "的" wird in der Regel verwendet, wenn das Attribut eine Präpositionalphrase ist. Zum Beispiel

对学校的意见

往北的公共汽车

Die Wortfolge bei mehreren Attributen ist wie folgt:

Pr +	这/那 +	ZW-ZEW +	Adj +	N +	Bezugswort
					词典
				汉语	词典
			新	汉语	词典
		两 本	新	汉语	词典
	那	两 本	新	汉语	词典
我的	那	两 本	新	汉语	词典
Ausdruck von Besitz	Demonstrativ-pronomen	Angabe der Menge	Eigenschaft	Merkmal	Bezugswort

(2) “地” wird zwischen Adverb und Prädikatsverb zur Bildung einer Adverbialbestimmung verwendet.

“地” wird in der Regel in beschreibenden Adverbialbestimmungen mit zweisilbigen Adjektiven, Adjektivphrasen oder verdoppelten Adjektiven verwendet. Zum Beispiel

热情地欢迎

非常努力地学习

认认真真地工作

Bei einsilbigen Adjektiven als Adverbialbestimmung wird “地” in der Regel wegge-lassen. Zum Beispiel

慢走

多演奏

早回家

(3) “得” wird verwendet zwischen einem Verb oder Adjektiv und einem Modal- oder Gradkomplement. Zum Beispiel

① V/Adj +“得”+ Modalkomplement

跑得很快

写得更漂亮

高兴得跳了起来

② V +“得” + Gradkomplement

忙得很

舒服得多

喜欢得很

2. “把”字句小结 Zusammenfassung der “把”-Sätze

(1) S + 把 + $O_{把}$ + V + 在/到/给/成 + O

他们把大块的食物放在盘子里。

宋华把客人送到车站。

丁力波把他买的京剧票送给王小云。

他把这本书翻译成英文了。

(2) S + 把 + $O_{把}$+ V + Komplement

林娜把今天的练习做完了。 (Ergebniskomplement)

王小云把照相机带回家去了。 (Richtungskomplement)

她把杯子洗得干干净净的。 (Modalkomplement)

他把你写的信看了两遍。 (Komplement der Häufigkeit von Handlungen)

(3) S + 把 + O 把 + V + andere Elemente

你把这杯酒喝了。(Verb mit Aspektpartikel "了")

您把语言学院的情况给我们介绍介绍。(verdoppeltes Verb)

Hinweise: ① Die Konstruktion "V + 在/到/成/给 + O" erfordert die Verwendung eines "把" - Satzes.

② Um das Ergebnis einer Einwirkung des Verbs auf das Objekt zu betonen, wird wie in den Beispielen unter Punkt (2) und (3) ein "把"-Satz verwendet.

③ Negationsadverbien oder Modalverben müssen vor "把" stehen, zum Beispiel:

她没有把你给她买的礼物送给妹妹。

王小云想把这本书翻译成中文。

3. 副词"就"和"还" Die Adverbien "就" und "还"

Verwendung von "就":

(1) zur Betonung einer Tatsache, z. B.

这就是张教授。

我就买这件。

(2) zur Hervorhebung, dass etwas früher als erwartet geschieht, z. B.

刚七点,他就来了。

我马上就回来。

(3) um anzuzeigen, dass zwei Handlungen aufeinander folgen, z. B.

他们觉得有点儿累,就坐下来休息一会儿。

今天的课文我不太懂,就去问老师。

(4) um anzuzeigen, dass eine Handlung direkt im Anschluss an eine andere stattfindet, z. B.

我下了课就去买盆花。

他们吃了晚饭就去公园散步。

(5) um anzuzeigen, dass etwas bald passiert, z. B.

就要下雨了。

就要放假了。

Verwendung von “还”:

(1) zur Hinzufügung einer Bemerkung, z. B.

他喜欢书法,还喜欢京剧。

大家还有问题吗?

(2) um anzuzeigen, dass eine Handlung andauert, z. B.

已经十一点了,他还在做练习。

你明年还想学中文吗?

(3) in der Bedeutung “kaum, gerade”, z B.

他的成绩还可以。

这个电影还行。

(4) in der Bedeutung “noch mehr”, z. B.

他比他哥哥还高。

我丢了自行车,他比我还着急。

(5) um anzuzeigen, dass etwas unerwartet ist, z. B.

张教授还是个书法家呢!

他还画过油画呢!

六. 字与词 Chinesische Schriftzeichen und Wörter

构词法 (6): 重叠式 Wortbildungsmethoden (6): Aus verdoppelten Bestandteilen gebildete Wörter

① Das zusammengesetzte Wort hat dieselbe Bedeutung wie das einzelne Schriftzeichen. Zum Beispiel 妈妈, 爸爸, 哥哥, 弟弟, 姐姐, 妹妹, 舅舅.

② Das zusammengesetzte Wort hat etwa dieselbe Bedeutung wie das einzelne Schriftzeichen. Zum Beispiel 刚刚, 常常, 轻轻.

Lin Na und Wang Xiaoyun machen mit ihren Freunden einen Ausflug in die Umgebung von Peking zum Berg Ling. Sie bewundern die Landschaft, die der des tibetischen Hochlandes ähnelt. Dann besichtigen sie den Tibetischen Botanischen Garten, der von einer Wissenschaftlerin angelegt wurde und unterhalten sich über Umweltfragen.

第三十三课 Lektion 33

保护环境就是保护我们自己

一. 课文 Texte

(一)

陆雨平：好，灵山到了。

王小云：车还上得去吗？

陆雨平：上不去了，请下车吧！你们先往山上走。我把车停好，马上就来。

林　娜：这儿空气真好。

陆雨平：林娜、小云，山很高，你们爬得上去吗？

【表示可能】
Ausdruck einer Möglichkeit

王小云：没问题，我们一步一步地往上爬吧。

宋　华：你们可能不知道，灵山是北京最高的地方。有位女科学家发现，这儿的自然环境跟西藏高原差不多。

林　娜：好啊，今天我们来参观灵山的藏趣园，就可以欣赏一下西藏的高原景色了。

马大为：藏趣园是不是国家公园？

王小云：不是。藏趣园是那位女科学家建立的一个植物园，年年都有很多中小学生来这儿过夏令营。[1] 学生们在这样的环境里，既能欣赏自然景色，又能接受保护环境的教育。

丁力波：这个好主意是怎么想出来的？

王小云：那位女科学家在西藏工作了18年。1996年，她退休了，想在北京找一个地方继续她的科学研究。因为灵山的自然条件很像西藏高原，她就把西藏的一些植物移植到这儿来。她还盖了一个在西藏住过的那种小木屋。你看见了吗？小木屋就在前边！

林　娜：在哪儿呢？我怎么看不见？哦，是不是那棵大树旁边的屋子？

王小云：对。网上有一篇文章叫《小木屋》，你读过吗？那就是写这位女科学家的。

林　娜：没读过。我现在还看不懂中文网上的长文章。

Ling Shan: Beijing zui gao de difang

生词 Neue Vokabeln

1. 保护	V	bǎohù	schützen 保护小孩,保护老人,保护字画
2. 环境	N	huánjìng	Umwelt 保护环境,生活环境,学习环境,城市环境
3. 空气	N	kōngqì	Luft 空气好,空气不好
4. 步	N	bù	Schritt 一步一步地,两步,走一步
5. 科学家	N	kēxuéjiā	Wissenschaftler 女科学家,重要的科学家
科学	N	kēxué	Wissenschaft 学习科学,科学工作,科学活动
6. 高原	N	gāoyuán	Hochebene 高原景色,西藏高原
7. 建立	V	jiànlì	errichten, gründen 建立学校,建立医院,建立博物馆,建立剧团,建立国家公园
8. 植物园	N	zhíwùyuán	botanischer Garten 建立植物园,参观植物园,游览植物园
植物	N	zhíwù	Pflanze 喜欢植物,保护植物
9. 夏令营	N	xiàlìngyíng	Sommerlager 过夏令营,参加夏令营,举办夏令营
10. 既……又……	Konj	jì……yòu……	sowohl ... als auch ...
11. 接受	V	jiēshòu	in Empfang nehmen, entgegennehmen 接受礼物,接受意见,接受帮助,接受检查
受	V	shòu	annehmen, akzeptieren
12. 教育	V/N	jiàoyù	erziehen, ausbilden / Erziehung, Bildung 教育学生,接受教育,大学教育,保护环境的教育
13. 主意	N	zhǔyi	Gedanke, Idee 好主意,他的主意,奇怪的主意,有一个主意
14. 继续	V	jìxù	fortsetzen, fortführen 继续学习,继续看电视,继续下棋,继续聊天

15. 研究	V/N	yánjiū	forschen, untersuchen / Forschung　研究汉语，研究文学，研究这件事儿，研究问题，继续研究，科学研究，对汉语很有研究
16. 条件	N	tiáojiàn	Bedingung　自然条件，工作条件，学习条件，生活条件
17. 移植	V	yízhí	transplantieren, umpflanzen　移植花儿，移植盆景，移植君子兰，移植植物
移	V	yí	umsetzen
18. 木屋	N	mùwū	Holzhütte　小木屋
木(头)	N	mù(tou)	Holz
屋(子)	N	wū(zi)	Zimmer, Raum
19. 看见	VK	kànjiàn	sehen, erblicken　看见月亮，看见山，看见他，看见迎客松
20. 网	N	wǎng	Netz　网上
21. 灵山	EN	Líng Shān	Lingshan (Name eines Berges nahe Peking)
22. 藏趣园	EN	Zàngqùyuán	der Tibetische Botanische Garten

植物园

(二)

陆雨平：今天的报纸来了，我写的植树节的消息登出来了。[2]

王小云：我看看。那天很多人都去郊区植树，一些外国人也参加了。

陆雨平：现在人人都关心北京的绿化，[3] 因为保护环境是非常重要的事儿。

林　娜：我最担心空气污染。还有，听说沙漠正一年一年地向北京靠近，最近的地方离北京还不到100公里。[4] 这真是个大问题啊。

【表示担心】
Besorgnis äußern

马大为：北京市正在努力解决空气污染的问题。我们也感觉得出来，现在这儿的空气比我们刚来的时候好多了。

陆雨平：看得出来，你们也很关心北京的环保问题。现在，种树是保护环境的重要办法之一。北京有不少种纪念树的活动，比如说，种结婚纪念树、生日纪念树、全家纪念树什么的。大家不但要把树种上，而且棵棵都要种活。我的这篇文章就是写一位非洲外交官参加种树的事儿。这位外交官很喜欢北京，植树节那天，他带着全家人种了一棵“友谊树”。在北京的外交官们都喜欢一家一家地去参加这种活动。

林　娜：你们来看，这几张照片是大为拍的。这张照片上是一位老人和他的小孙子在种树。一棵一棵的小树排得多整齐啊！天上的白云也照上了，照得真美！

王小云：张张照片都拍得很好。想不到，大为照相的技术还真不错。

林　娜：你知道吗，大为的作品还参加过展览呢。

【引起话题】
ein Thema aufwerfen

陆雨平：这些照片确实很好，应该在报上登出来，让更多的人知道种树多么重要。

林　娜：北京既是中国的首都，又是世界有名的大都市。保护北京的环境，跟每个在北京生活的人都有关系。⑤

马大为：你说得很对。保护环境就是保护我们自己。

生词 Neue Vokabeln

1.	登	V	dēng	veröffentlichen (einen Artikel, einen Aufsatz usw.)　登文章，登小说，登出来，登在报上
2.	绿化	V	lǜhuà	begrünen, aufforsten　绿化北京，绿化小区，关心北京的绿化
3.	解决	V	jiějué	lösen　解决问题，解决问题的办法
4.	污染	V	wūrǎn	verschmutzen　空气污染，环境污染，解决污染的问题
5.	沙漠	N	shāmò	Wüste　沙漠化
6.	靠近	V	kàojìn	sich nähern, nahe bei　靠近网吧，靠近墙，靠近大门，靠近北京，向北京靠近
	近	Adj	jìn	in der Nähe, nah　最近的地方
7.	市	N	shì	Stadt　北京市，上海市
8.	纪念	V	jìniàn	gedenken　纪念品，纪念树，纪念这位文学家，纪念活动
9.	活	V/Adj	huó	leben / lebendig　活的花儿，活的树，活的虾，种活，养活
10.	外交官	N	wàijiāoguān	Diplomat　非洲外交官，在北京的外交官们
	外交	N	wàijiāo	Diplomatie　外交人员，外交工作，外交活动
11.	确实	Adv	quèshí	bestimmt, wirklich, tatsächlich　确实很好，确实不错

都市 — 城市

12. 首都	N	shǒudū	Hauptstadt	中国的首都,国家的首都
13. 都市	N	dūshì	Stadt	大都市,有名的都市
14. 关系	N	guānxì	Beziehung, Verhältnis	跟每个人都有关系,没关系,建立外交关系,关系很好
15. 植树节	EN	Zhíshù Jié	Baumpflanztag	过植树节
植树	VO	zhíshù	Bäume pflanzen	到山上植树
16. 非洲	EN	Fēizhōu	Afrika	

补充生词 Zusätzliche Vokabeln

1. 熊猫	N	xióngmāo	Panda
2. 抢救	V	qiǎngjiù	retten, bergen
3. 决定	V	juédìng	entscheiden, beschließen
4. 动物园	N	dòngwùyuán	Zoo
5. 竹叶	N	zhúyè	Bambusblatt
6. 肥	Adj	féi	fett
7. 腿	N	tuǐ	Bein
8. 耳朵	N	ěrduo	Ohr
9. 眼睛	N	yǎnjing	Auge
10. 墨镜	N	mòjìng	Sonnenbrille
11. 留	V	liú	bleiben
12. 使者	N	shǐzhě	Gesandter, Bote
13. 野生动物保护协会	EN	Yěshēng Dòngwù Bǎohù Xiéhuì	Vereinigung zum Schutz von Tieren in der freien Natur

二.注释 Anmerkungen

① 年年都有很多中小学生来这儿过夏令营。

"Jedes Jahr kommen viele Grund- und Mittelschüler hierher ins Sommerlager."

"中小学生" ist die verkürzte Form für "Grund- und Mittelschüler". Ebenso kann "中国学生和外国学生" verkürzt werden zu "中外学生", "北京大学" zu "北大" und "环境保护" zu "环保". Beachten Sie, dass nicht willkürlich abgekürzt werden kann. So kann zum Beispiel "北京郊区" verkürzt werden zu "京郊" aber nicht zu "北郊", da dies "北部郊区" (nördliche Vororte) bedeutet.

② 我写的植树节的消息登出来了。

"Mein Artikel über den Baumpflanztag ist erschienen."

In China ist Baumpflanztag am 12. März.

③ 现在人人都关心北京的绿化。

"Jetzt ist jeder an der Begrünung Pekings interessiert."

An einige Adjektive und Nomen kann das Suffix "化" angefügt werden. So werden Verben gebildet, die eine Veränderung zu dem Zustand, der durch das Adjektiv oder Nomen beschrieben wird, ausdrückt (Adj/N+化). Zum Beispiel: 绿化, 美化, 净化, 简化, 正常化, 一般化, 中国化, 欧化, 儿化. Manchmal ist die Konstruktion "Adj/N+化+N" Teil eines Nomens, wie "简化字" (vereinfachte Schriftzeichen).

④ 听说沙漠正一年一年地向北京靠近, 最近的地方离北京还不到 100 公里。

"Es heißt, dass die Wüste Jahr für Jahr näher an Peking heranrückt. Der naheste Punkt ist weniger als 100 km von Peking entfernt."

Das Verb "到" bedeutet "达到" (ankommen). Auf "到" folgen Zahlwort und Zähleinheitswort. "(不)到+ZW-ZEW" bedeutet, dass eine bestimmte Menge oder Anzahl (nicht) erreicht wurde. Zum Beispiel

这一课的生词还不到 40 个。

他到三十岁了吧？

Wie “正在+V+呢” bedeutet “正+V+呢” auch, dass eine Handlung gerade abläuft, zum Beispiel

我去他家的时候，他正看电视呢。

⑤ 保护北京的环境，跟每个在北京生活的人都有关系。

“Der Schutz der Umwelt Pekings geht jeden, der in Peking lebt, etwas an.”

“跟+NP+(没)有关系” wird häufig verwendet um anzuzeigen, ob es einen Zusammenhang zwischen dem Subjekt und dem Nomen bzw. Pronomen hinter “跟” gibt. Zum Beispiel

环保问题跟每个人都有关系。

他跟这事儿没有关系。

这件事儿跟你有没有关系？

这事儿跟我有什么关系？

三. 练习与运用 Übungen und Anwendung

Schlüsselsätze

1. 你们爬得上去吗？
2. 我现在还看不懂中文网上的长文章。
3. 我们也感觉得出来。
4. 这个好主意是怎么想出来的？
5. 现在人人都关心北京的绿化。
6. 沙漠正一年一年地向北京靠近。
7. 最近的地方离北京还不到一百公里。
8. 北京既是中国的首都，又是世界有名的大都市。
9. 保护北京的环境，跟每个在北京生活的人都有关系。

1. 熟读下列短语 Lesen Sie die folgenden Wortgruppen und prägen Sie sie sich ein

(1) 看得懂　听得懂　看得见　听得清楚　记得住　做得完　想得到

看不懂　听不懂　看不见　听不清楚　记不住　做不完　想不到

买得到　唱得好　学得会　照得上

买不到　唱不好　学不会　照不上

(2) 上得去　下得来　进得去　出得来　回得去　回得来　过得去　过得来

上不去　下不来　进不去　出不来　回不去　回不来　过不去　过不来

(3) 搬得出来　爬得上来　跳得过来　骑得回去　踢得进去　拿得上来

开得进去　走不下去　游得过去　跑不回来　踢不进去　拿不上去

(4) 想出来　写出来　看出来　听出来　回答出来

想得出来　写得出来　看得出来　听得出来　回答得出来

想不出来　写不出来　看不出来　听不出来　回答不出来

感觉出来　翻译出来

感觉得出来　翻译得出来

感觉不出来　翻译不出来

(5) 人人　事事　家家　步步　年年　月月　日日　天天　次次

张张照片　个个学生　个个生词　件件事情　篇篇文章

间间住房　座座大楼　座座小山　盆盆花儿　场场比赛

种种植物　条条大街　棵棵树　本本书

一年一年地　一天一天地　一步一步地　一家一家地

一个一个地　一次一次地　一棵一棵的　一个一个的

一盘一盘的　一本一本的　一张一张的　一辆一辆的

2. 句型替换 Substitutionsübungen

(1) 他看得懂这篇文章吗？

他看得懂。

看	见	山上的松树
听	懂	这个故事
借	到	那本小说
记	住	这么多的生词

(2) 你做得完做不完今天的练习？
我做不完今天的练习。

看	清楚	老师写的字
买	到	那种背包
办	完	这些事儿
找	到	他的自行车

(3) 汽车上得来上不来？
这儿路不好，上不来了。

小孩	下	他有点儿怕
你	回	我有很多事儿
她	过	人太多
大桌子	进	门太小

(4) 植树节的消息登出来了没有？
植树节的消息登出来了。

那篇文章	写
他要的这本书	找
书上的问题	回答
解决污染的办法	想

(5) 现在大家都关心城市的绿化吗？
现在人人都关心城市的绿化。

注意保护环境	家家
认真锻炼身体	人人
怕环境污染	个个

(6) 他们正做什么呢？
他们正一步一步地往山上爬呢。

一课一课	复习生词
一盆一盆	浇花儿
一间一间	打扫宿舍

3. 课堂活动 Aktivitäten im Seminarraum

(1) Ein Student nennt ein Wort, die anderen verwenden das Muster "跟+N/Pr+有/没关系" um einen Satz zu bilden. Zum Beispiel

A：纸

B：纸是我自己买的，多用纸跟别人没关系。

C：纸是木头做的，多用纸跟保护环境有关系。

…… ……

(2) Ein Student nennt ein Wort, die anderen verwenden das Muster "既…，又…" um einen Satz zu bilden. Zum Beispiel

A：公园

B：在公园既能锻炼身体，又能看书。

C：公园的环境既优美又安静。

……　……

4. 会话练习 Dialogübungen

Idiomatische Wendungen im Gespräch
你们可能不知道 (Vielleicht weißt du nicht...)
看得出来 (man kann sehen, dass...)
想不到 (es ist unerwartet, dass...)
跟……有关系 (...steht im Zusammenhang mit...)
你说得很对 (Du hast völlig Recht.)

[表示可能　Ausdruck einer Möglichkeit]

(1) A：今天中午你在餐厅见得到小张吗？

B：我见得到他。有什么事儿？

A：请你把这本书给他，好吗？

B：没问题。

(2) A：咱们一起来照张相吧。这样站，行吗？

B：力波，你得向宋华靠近一点儿，要不，就照不上了。

(3) A：喂，大为在吗？

B：哪位？请大点儿声，我听不清楚。

A：听出来了吗？我是谁？

B：对不起，我还是听不出来。

[表示担心 Besorgnis äußern]

(1) A：你觉得这次足球赛的结果会怎样？

B：怎么说呢？我们系足球队刚刚建立，说实在的，我有点儿担心。

A：可不，我担心的是大宋可能不参加，他是队里技术最好的。

(2) A：这么晚了，他还没有回来。我担心他路上会不会出问题。

B：是啊，他开车开得太快，真让人不放心。

[引起话题 Ein Thema aufwerfen]

(1) A：你们可能不知道，今年的夏令营不办了。

B：是吗？真不巧，我朋友今年想参加夏令营。

(2) A：真想不到，今天会到 31 度。

B：是啊，昨天还不到 20 度。

(3) A：对了，去植物园参观的事儿你告诉林娜了没有？

B：我还没有找到她呢。我说，上次你借的那本书，看完了没有？

5. 看图说话 Beschreiben Sie die Bilder

搬……进来　搬……上去

跳……过来　爬……上去

6. 交际练习 Konversationsübungen

(1) Während Sie Guangzhou besuchen, spricht Sie jemand auf Kantonesisch an. Was sagen Sie?

(2) Sprechen Sie mit Ihren Kommilitonen über etwas, dass Ihnen Besorgnis bereitet. Schreiben Sie danach das Gesagte auf.

四. 阅读和复述 Leseverständnis und Nacherzählung

熊猫是中国的国宝

熊猫又叫大熊猫，是中国特有的珍贵动物。它们只生活在中国西部的一些地方，那儿是2000米到4000米的高山和树林。因为环境的变化，熊猫已经越来越少了。中国人把熊猫叫做“国宝”，正在用各种办法抢救它。全世界的人也都喜欢它，关心它。中国已经给很多国家送去了熊猫。

以前在我们国家看不到大熊猫。中国野生动物保护协会决定，要把大熊猫美美和田田送给我们国家的一个城市动物园。昨天我和一位中国朋友去北京动物园看这两只大熊猫。我们来到熊猫馆的时候，它们正在吃竹叶，样子既可爱，又可笑：肥肥的身体，短短的腿。头那么大，耳朵那么小，眼睛像戴着墨镜一样。它们不停地走过来走过去。有个小朋友大声地说：“美美！田田！你们就要去外国了，让我给你们照张相吧！”美美和田田好像听懂了小朋友的话，它们站在竹子下边，看着那个小朋友，好像在问：“我们这么站着，怎么样？你照得上吗？”

我问旁边的一个小姑娘：“美美和田田就要坐飞机出国了，你以后就看不到它们了，你希望它们留在这儿吗？”

“当然希望它们留在这儿。可是，外国小朋友也很喜欢大熊猫，他们也都想早点儿看到美美和田田。”小姑娘非常认真地回答。

我看着美美和田田，看着这些可爱的小朋友，心里想，“这两只可爱的大熊猫真是中国人民的友好‘使者’啊。”

五. 语法 Grammatik

1. 可能补语(1) Komplement der Möglichkeit (1)

"得/不" steht zwischen einem Verb und Ergebnis- oder Richtungskomplement, um anzuzeigen, ob ein bestimmtes Ergebnis oder ein bestimmter Zustand erreicht werden kann.

V	+ 得	/ 不 +	Ergebnis-	/ Richtungskomplement	
看	得		懂		(durch Lesen verstehen können)
做		不	完		(nicht beenden können)
上	得			去	(nach oben gehen können)
爬		不		上去	((Berg) nicht besteigen können)

Die V/Adj-Neg-V/Adj-Frageform lautet "V+得+Komplement+V+不+Komplement". Folgt auf das Verb ein Objekt, steht das Objekt hinter dem Komplement der Möglichkeit. Zum Beispiel

A：你看得见看不见那个小木屋？
B：小木屋在哪儿？我看不见。

A：下午五点钟你回得来回不来？
B：我回得来。

Hinweise: (1) Die negative Form des Komplements der Möglichkeit wird häufiger verwendet als die positive. Sie sagt aus, dass man auf Grund des Fehlens von bestimmten subjektiven oder objektiven Bedingungen eine Handlung, ein bestimmtes Ergebnis oder einen bestimmten Zustand nicht erreichen kann. Dies kann normalerweise nur durch das Komplement der Möglichkeit und nicht durch Modalverben ausgedrückt werden. Zum Beispiel

我只学了一年汉语，现在看不懂《红楼梦》。
(man kann nicht sagen：⊗"我只学了一年汉语，现在不能看懂《红楼梦》。")
老师说得太快，我听不懂。
(man kann nicht sagen：⊗"老师说得太快，我不能听懂。")
山很高，我爬不上去。
(man kann nicht sagen：⊗"山很高，我不能爬上去。")
他想了很长时间，想不出好办法来。

(man kann nicht sagen: ⊗"他想了很长时间，不能想出好办法来。")

(2) Die positive Form des Komplements der Möglichkeit wird kaum verwendet. Sie wird verwendet, um Fragen zu stellen oder auf Fragen zu antworten. Zum Beispiel:

A：你坐在后边，听得清楚吗？

B：我听得清楚。

2. "出来"的引申用法 Erweiterte Bedeutung von "出来"

Die Konstruktion "V+出来" zeigt an, dass eine Handlung das Auftreten eines bestimmten Ergebnisses oder Zustandes bewirkt hat. Zum Beispiel:

植树节的消息登出来了。

这个好主意是怎么想出来的？

他一定要写出一篇好文章来。

这个句子错了，你看得出来吗？

3. 名词、量词和数量词短语的重叠 Die Verdoppelung von Nomen, Zähleinheitswörtern und Zahlwort-Zähleinheitswort-Wortgruppen

Verdoppelte Nomen und Zähleinheitswörter weisen auf eine Gesamtheit ohne Ausnahmen hin und werden meist als Subjekt oder Attribut verwendet. Zum Beispiel

现在人人都关心北京的绿化。

他们个个都喜欢用筷子。

件件衣服都小了。

篇篇文章都写得很好。

Hinweis: Verdoppelte Nomen und Zähleinheitswörter können nicht als Objekte oder Attribute von Objekten verwendet werden. Man kann also nicht sagen: ⊗"我告诉人人。"⊗"我喜欢张张照片。"

Verdoppelte Zeitnomen können als Adverbialbestimmung verwendet werden. Zum Beispiel

他天天都打太极拳。

他去博物馆参观了很多次，次次都觉得很有意思。

Verdoppelte Zahlwort-Zähleinheitswort-Wortgruppen, meist in der Form "一+ZEW", werden als Adverbialbestimmungen verwendet, die die Art und Weise einer Handlung beschreiben (mit der Bedeutung "eins nach dem anderen"). "地" muss hinter der Wortgruppe stehen, zum Beispiel

我们一步一步地往上爬吧。(Schritt für Schritt)

他们的汉语水平正一天一天地提高。(Tag für Tag)

他一张一张地把照片给大家看。(eins nach dem anderen)

小学生排着队,两个两个地走进餐厅。(zu zweit)

Verdoppelte Zahlwort–Zähleinheitswort–Wortgruppen werden als Attribute in der Bedeutung “viele”, “jeder” verwendet. “的” muss hinter der Wortgruppe stehen, zum Beispiel

一棵一棵的小树种得多整齐啊!

一盘一盘的水果放在桌子上。

一个一个的问题都回答对了。

4. 既……,又……　Die Konstruktion “既…又…”

Diese Konstruktion zeigt an, dass zwei Eigenschaften oder Situationen gleichzeitig existieren. Zum Beispiel

学生们既能欣赏自然景色,又能接受保护环境的教育。

北京既是中国的首都,又是世界有名的大都市。

她既聪明又漂亮。

六. 字与词　Chinesische Schriftzeichen und Wörter

构词法（7）：附加式①　Wortbildungsmethoden（7）： Wortbildung durch Hinzufügung ①

Bei dieser Methode wird dem Hauptbestandteil ein Schriftzeichen mit grammatischer Funktion hinzugefügt. Das Schriftzeichen kann vor oder hinter den Hauptbestandteil gestellt werden. Zum Beispiel

“第” steht vor Zahlwörtern zur Angabe einer Ordnungszahl, wie 第一,第二,第三,第十一.

“老” steht vor einem einsilbigen Familiennamen zur Bildung einer vertrauten Anrede, wie 老张,老李.

Andere Wörter, die durch diese Methode gebildet werden, sind 老师,老板.

Auf einer Schiffsfahrt auf dem Yangzi durch die Drei Schluchten fühlte sich Ma Dawei etwas schwindlig und hatte keinen Appetit. Xiao Yanzi hat sich um ihn gekümmert. Weil er sich gut ausgeruht hatte oder durch die gute Pflege von Xiao Yanzi, ging es Ma Dawei am nächsten Tag viel besser und er konnte sich am Anblick des Berges der heiligen Schönheit erfreuen.

第三十四课 Lektion 34

神女峰的传说

一. 课文 Texte

(一)

小燕子：大为，吃饭了。

马大为：我站起来就头晕，不想吃。再说，船上的菜个个都辣，[1] 我可吃不下去。[2]

【补充说明】
Etwas ergänzen

小燕子：前几天，四川菜你吃得很高兴啊！而且，你还讲过一个故事：有三个人比赛吃辣的，一个是四川人，他说不怕辣，一个是湖北人，他说辣不怕，一个是湖南人，他说怕不辣。你说你是怕不辣的，今天怎么又说四川菜太辣？[3] 是不是晕船啊？

马大为：不知道。

小燕子：喝点儿可乐吧。

马大为：这可乐的味儿也不对了。好像也有辣味儿了，跟我在美国喝的不一样。

小燕子：可乐哪儿来的辣味儿？

马大为：我不想喝。这儿连空气都有辣味儿，我觉得全身都不舒服。

【表示强调】
Etwas betonen

小燕子：晕船的药你吃了没有？[4]

马大为：晕船的药我带来了，可是没找着。我不记得放在哪儿了。

小燕子：没关系，我到医务室去，给你要点儿。

马大为：谢谢。

……

小燕子：晕船药要来了。你把它吃下去，一会儿就好了。

马大为：刚才我睡着了。船开到哪儿了？好像停住了。外边安静得听不见一点儿声音。我想出去看看。

小燕子：你可别出去。刮风了，外边有点儿凉。你应该吃点儿什么。

马大为：我头晕好点儿了。不过，还不想吃东西，就想睡觉。

小燕子：那你就再睡一会儿吧。快到三峡的时候，我一定叫你。

生词 Neue Vokabeln

1. 传说	N	chuánshuō	Legende	三峡的传说，神女峰的传说
2. 晕	V	yūn	schwindelig sein	头晕，觉得头晕，有点儿晕
3. 再说	Konj	zàishuō	außerdem, darüber hinaus	
4. 船	N	chuán	Boot, Schiff	坐船，上船，开船，在船上，船上的菜
5. 辣	Adj	là	scharf, würzig	辣的菜，不辣的菜，喜欢辣，个个都辣
6. 可	Adv	kě	wirklich	可吃不下去，可别出去

7.	讲	V	jiǎng	sprechen, erklären 讲故事,讲课文,讲生词,讲语法,讲话
8.	怕	V	pà	fürchten 怕小偷,怕发烧,怕头晕,怕坐船,怕考试,怕麻烦,怕脏,不怕辣,怕不辣
9.	晕船	VO	yùnchuán	seekrank sein 怕晕船,有点儿晕船,晕船药
10.	可乐	N	kělè	Cola 喝点儿可乐
11.	味儿	N	wèir	Geschmack 辣味儿,可乐的味儿,菜的味儿
12.	连	Konj	lián	selbst, sogar 连空气也有辣味儿
13.	医务室	N	yīwùshì	Klinik 学校医务室
14.	着	V	zháo	(nach einem Verb als Ergebniskomplement verwendet) 睡着,睡不着,找着,买不着
15.	刮	V	guā	wehen 刮风
16.	凉	Adj	liáng	kühl 外边有点儿凉,天气很凉,水有点儿凉,菜凉了,凉水
17.	神女峰	EN	Shénnǚ Fēng	Berg der heiligen Schönheit
18.	四川	EN	Sìchuān	Provinz Sichuan
19.	湖北	EN	Húběi	Provinz Hubei
20.	湖南	EN	Húnán	Provinz Hunan
21.	三峡	EN	Sānxiá	Drei Schluchten des Yangzi

（二）

小燕子：快起来，我们去看日出。

马大为：你先去吧。我把咖啡喝了就去。

小燕子：你今天好点儿了吧？昨天还没有到神女峰呢，就被神女迷住了，晕得连可乐也不想喝了。

马大为：别提了，昨天我是晕了。⑤ 既有美丽的神女，又有从早到晚为我忙的小燕子，你们把我迷住了。

小燕子：你又来了。⑥

马大为：三峡实在是太美了！李白的一首诗我记住了两句："两岸猿声啼不住，轻舟已过万重山。"

小燕子：我看应该说"大为头晕止不住，游船已过万重山"。

马大为：小燕子，你又开玩笑了。我们一起来欣赏三峡景色吧。

小燕子：三峡有很多传说，最感人的是神女峰的传说。

马大为：你说说。

小燕子：神女峰是三峡最有名、最美的山峰。很久很久以前，西王母让她美丽的女儿来三峡，为来往的大船小船指路。⑦ 她日日夜夜地站在那儿，后来就成了神女峰。

马大为：三峡的景色真像是一幅中国山水画。坐船游三峡，真是“船在水中走，人在画中游”。

小燕子：过几年你再来游览三峡，还会看到新的景色，那就是世界第一大坝——三峡大坝。

生词 Neue Vokabeln

1. 日	N	rì	Tag, Sonne	日出，看日出
2. 迷	V/N	mí	fesseln, verzaubern / Fan	迷住，被美丽的景色迷住了，球迷，京剧迷
3. 为	Präp	wèi	für	为公司工作，为我忙，为他担心，为友谊干杯
4. 首	ZEW	shǒu	(Zähleinheitswort für Gedichte, Lieder usw.)	一首歌
5. 诗	N	shī	Gedicht	古诗，唐诗，一首诗
6. 两岸猿声啼不住		Liǎng àn yuán shēng tí bú zhù	“Affen kreischen ohne Unterlass an beiden Ufern des Flusses.”	
7. 轻舟已过万重山		Qīng zhōu yǐ guò wàn chóng shān	“Mein Boot hat sicher alle Klippen passiert.”	
8. 止	V	zhǐ	anhalten, stoppen	止住，止不住
9. 游船	N	yóuchuán	Ausflugsschiff	坐游船
10. 久	Adj	jiǔ	lange (Zeit)	很久以前，好久不见，有多久
11. 夜	N	yè	Nacht	夜里，日日夜夜
12. 来往	V	láiwǎng	kommen und gehen	来往的船，来往的火车，来往的乘客
13. 指	V	zhǐ	zeigen, weisen	指路
14. 山水画	N	shānshuǐhuà	Landschaftsbild	中国山水画，像一幅中国山水画
山水	N	shānshuǐ	Berge und Wasser, Landschaft	

15. 坝	N	bà	Damm　大坝，三峡大坝
16. 李白	EN	Lǐ Bái	Li Bai (Name eines großen Dichters der Tang Dynastie)
17. 西王母	EN	Xīwángmǔ	Xiwangmu (Göttin des Westens und des Himmels, eine Figur aus der chinesischen Mythologie)

补充生词 Zusätzliche Vokabeln

1. 血	N	xiě	Blut
2. 果树	N	guǒshù	Obstbaum
3. 打鱼	VO	dǎyú	angeln gehen
4. 掉	V	diào	fallen
5. 鼻烟壶	N	bíyānhú	Schnupftabakfläschchen
6. 工艺品	N	gōngyìpǐn	Handarbeit, kunstgewerbliches Produkt
7. 透明	Adj	tòumíng	durchsichtig, transparent
8. 珍贵	Adj	zhēnguì	kostbar, wertvoll
9. 收藏	V	shōucáng	sammeln
10. 将军服	N	jiāngjūnfú	Generalsuniform
将军	N	jiāngjūn	General
11. 画像	N	huàxiàng	Porträt
12. 轮椅	N	lúnyǐ	Rollstuhl
13. 握	V	wò	halten
14. 缘分	N	yuánfèn	Schicksal, Fügung
15. 微笑	V	wēixiào	lächeln
16. 张学良	EN	Zhāng Xuéliáng	Zhang Xueliang (berühmter chinesischer General in den 1930er Jahren)
17. 夏威夷	EN	Xiàwēiyí	Hawaii

二. 注释 Anmerkungen

① 再说，船上的菜个个都辣。

“Außerdem sind alle Speisen auf dem Schiff scharf.”

Die Konjunktion “再说” verbindet Sätze und zeigt an, dass etwas ergänzt wird. Nach der Konjunktion folgt häufig eine Pause. Zum Beispiel

丁力波明天不去长城，他已经去过了。再说，他明天还有别的事儿。

我不太喜欢这个戏，故事太一般了。再说，几个主要角色也演得不太自然。

Die Konjunktion “而且” hat ebenfalls die Funktion, eine Ergänzung einzuleiten. Zum Beispiel

四川菜你吃得很高兴啊！而且，你还讲过一个故事。

② 我可吃不下去。

“Ich kann wirklich nichts mehr essen.”

Das Adverb “可” steht vor einem Verb oder Adjektiv und hat die Bedeutung “wirklich”. Es wird hauptsächlich im gesprochenen Chinesisch verwendet. Zum Beispiel

我可知道他的意思，他不愿意来。

快考试了，可不能再看电视了。

外边可热闹了。

这件事儿可不简单。

③ 你说你是怕不辣的，今天怎么又说四川菜太辣？

“Du hast gesagt, dass du fürchtest, das Essen könne nicht scharf genug sein. Warum sagst du dann aber heute, dass die Sichuan Küche zu scharf ist?”

Das Adverb “又” (4) drückt einen Übergang zwischen zwei sich widersprechenden Situationen aus. Die Konjunktion “可是” kann davor stehen. Zum Beispiel

她很怕冷，又不愿意多穿衣服。

他刚才说要参加聚会，现在又说不参加了。

我很想把这件事儿告诉你，可是又担心你听了不高兴。

④ 晕船的药你吃了没有？

"Hast du das Medikament gegen Seekrankheit genommen?"

Im gesprochenen Chinesisch bedeutet "晕船（的）药" "Medikament gegen Seekrankheit". Weitere Beispiele sind "感冒药，头疼的药".

⑤ 别提了，昨天我是晕了。

"Erinnere mich nicht daran, gestern war mir tatsächlich schwindelig."

Hier bedeutet "别提了" "erinnere mich nicht; erwähn es nicht mehr". Oft bezieht es sich auf ein unangenehmes Ereignis, über das der Sprecher nicht mehr reden möchte. Zum Beispiel

别提了，这次球踢得真糟糕。

别提了，那场音乐会水平低极了。

⑥ 你又来了。

"Fängst du schon wieder an! "

Das kann man zu einem guten Bekannten sagen, wenn er/sie wiederholt etwas Unpassendes sagt oder tut. Im Text meint Xiao Yanzi: "Du machst mir schon wieder Komplimente".

⑦ 为来往的大船小船指路。

"Um den hin- und herfahrenden Schiffen den Weg zu weisen."

Die Prä positionalphrase "为+NP" führt als Adverbialbestimmung das Objekt einer Leistung ein. Zum Beispiel

小燕子从早到晚为我忙。

他每天都为大家服务。

Die Präpositionalphrase "为+NP/VP" wird auch verwendet, um einen Grund oder einen Zweck anzugeben. Zum Beispiel

我们都为这件事着急。

为我们的友谊，干杯！

为养好盆景，他买了很多书。

三. 练习与运用 Übungen und Anwendung

Schlüsselsätze

1. 刮风了！
2. 晕船的药你吃了没有？
3. 我可吃不下去。
4. 刚才我睡着了。
5. 李白的一首诗我记住了两句。
6. 他晕得连可乐也不想喝了。
7. 你说你是怕不辣的，今天怎么又说四川菜太辣？
8. 她为来往的大船小船指路。

1. 熟读下列短语 Lesen Sie die folgenden Wortgruppen und prägen Sie sie sich ein

(1) 拿住　站住　停住　抓住　止住　记住　关住　迷住
拿得住　站得住　停得住　抓得住　止得住　记得住　关得住　迷得住
拿不住　站不住　停不住　抓不住　止不住　记不住　关不住　迷不住

(2) 找着　借着　打着　睡着　买着　见着　等着　抓着
找得着　借得着　打得着　睡得着　买得着　见得着　等得着　抓得着
找不着　借不着　打不着　睡不着　买不着　见不着　等不着　抓不着

(3) 为我们忙　为大家服务　为大学生演奏　为你的成绩高兴
为女儿担心　为结业聚会　为这件事情着急　为我们的友谊干杯

(4) 可喜欢了　可了解了　可尊重了　可不能问　可不想去　可别出去
可冷了　可忙了　可远了　可高兴了　可热闹了　可认真了
可倒霉了　可不简单　可不谦虚

(5) 刮风了　下雨了　下雪了　上课了　下课了　上班了
吃饭了　起床了　到站了

2. 句型替换 Substitutionsübungen

(1) 晕船的药你吃了吗？

晕船的药我吃了。

可乐	买来了
医务室	去了
船票	买得到
三峡的日出	看过

(2) 四川菜他吃得怎么样？

四川菜他吃得很高兴。

这次考试	准备	很认真
第34课语法	讲	很清楚
这次活动	搞	还可以
环境保护问题	研究	很好

(3) 那本书你找着了没有？

那本书我没找着。

你还找得着吗？

我看，我找不着了。

那个生词	查
到上海的火车票	买
那位女科学家	见
张教授要的房子	租

(4) 船停住了没有？

船停住了。

前边的人	站
偷她的钱的小偷	抓
胳膊上的血(xiě, Blut)	止
这首诗	记

(5) 这儿怎么样？

这儿很安静，连一点儿声音也没有。

热闹	舞厅	都有
不方便	一个商店	也没有
方便	邮局	都有
热	一点儿风	也没有

(6) 你看得懂英文小说吗？

看不懂，我连一句英文也没有学过。

会书法	不会	汉字	写不好
认识小燕子	不认识	这个名字	没有听说过
参观过兵马俑	没有	西安	没去过
常去网吧	没去过	电脑	不会用

(7) 大家都为他高兴。

环境污染	担心
等公共汽车	着急
生病的同学	做了很多事儿
知识大赛	做准备

(8) 咱们喝点儿什么吧。

好吧。

去哪儿玩玩
找谁问问路
请谁帮一下
什么时候去看看老师

3. 课堂活动 Aktivitäten im Seminarraum

Ein Student bildet einen Satz. Ein anderer Student verwendet “又” um einen Gegensatz auszudrücken. Zum Beispiel

A：明天我想去长城，

B：又怕会下雨。

C：又想在学校看球赛。

…… ……

4. 会话练习 Dialogübungen

Idiomatische Wendungen im Gespräch

别提了 (Erinnere mich nicht daran.)

你又来了 (Fängst du schon wieder an!)

一会儿就好了 (Mir geht es gleich besser.)

很久很久以前 (vor sehr langer Zeit)

[补充说明 Etwas ergänzen]

A：春节你打算去旅游吗？

B：天气太冷，我不想去。再说，我还得打工，挣点儿钱。

A：冬天旅游是差点儿。可是，我已经买好了游三峡的船票，而且我还跟我朋友说好了，我们一起去。

[表示强调 Etwas betonen]

A：你们家来的电话吧？你们那儿现在情况怎么样？

B：这几年，我们那儿变化可大了。我们家虽然在农村，可是人们的生活跟城里人差不多。现在家家都有电视、电话什么的。有的人还买了汽车，他们卖蔬菜、水果都用汽车送。连小孩上中学也不用到城里去了，我们村有中学，也有医院了。

A：你们那儿是发展得很快。我们家那儿，农民的生活水平还很低，农民挣钱可不容易了，有的连孩子上小学都有问题。不过，现在很多技术人员去我们那儿帮助农民种果树(guǒshù, Obstbaum)。再过几年，农民的生活一定会好一些。

[叙述 Etwas erzählen]

A：神女峰的传说可不少，我再给你们讲一个，怎么样？

B：好啊。

A：很久很久以前，在这个山顶上住着年轻的丈夫和妻子，丈夫每天都去江里打鱼（dǎyú, angeln gehen），妻子在家里做饭、洗衣服。她每天做好晚饭以后，就站在山顶上看着江水，等着丈夫回来。一天，丈夫又到长江上打鱼去了。到了晚上，丈夫还没有回来。这时候，刮起了大风，下起了大雨。小船被撞坏了，丈夫掉(diào, fallen) 到江里。他妻子在家里非常着急，就爬到山顶上，看着江水，等他回家。

B：后来呢？

A：后来时间一天一天地、一年一年地过去了，她丈夫到现在也没有回来，她还在那儿等着。

B：哦，这个神女看着江水，还真像那位年轻的妻子在等她的丈夫。

5. 看图说话 Beschreiben Sie die Bilder

6. 交际练习 Konversationsübungen

Erzählen Sie Ihre Lieblings-Legende oder Geschichte. Schreiben Sie sie danach auf.

四. 阅读和复述 Leseverständnis und Nacherzählung

张学良的鼻烟壶

鼻烟壶是中国传统的工艺品，已经有200多年的历史了。它是用一种特别的画笔，在透明的鼻烟壶里画画。有名的工艺美术家画的鼻烟壶，是很珍贵的艺术品。

张学良先生最大的爱好是收藏鼻烟壶。1992年，他收到了一份让他感到惊奇的礼物，那是一个鼻烟壶。鼻烟壶里画了张学良年轻时穿着将军服的画像。张先生得到这份珍贵的礼物，非常高兴，把它放在床边的小桌上时时欣赏。他以为这一定是一位很有经验的老画家的作品。因为现在能在鼻烟壶内作画的人已经越来越少了。

1998年，中国在美国夏威夷举办工艺美术展览。每天来参观展览的人很多。当时，张将军已经快一百岁了，他听说展品中有鼻烟壶，就坐着轮椅来参观展览。张先生没有想到的是，那位为他画像的工艺美术家也来了。张先生更没有想到的是，他会是一位这么年轻的艺术家。张先生热情地握住年轻人的手，很高兴地对他说："我今天能在这儿见到你，真是缘分啊！缘分啊！"这位年轻艺术家告诉张先生，他为了完成这幅作品，到北京图书馆查了很多书，看了不少有关张将军的图片。张先生和张夫人感到非常高兴，他们跟这位年轻的艺术家一起照了相。在照片上，这位百岁老人正向我们微笑呢！

五. 语法 Grammatik

1. 主谓谓语句(2) Sätze mit einer Subjekt–Prädikat–Phrase als Prädikat (2)

In Sätzen mit einer Subjekt–Prädikat–Phrase als Prädikat ist das Subjekt des gesamten Satzes (Subjekt 1) der Empfänger der Handlung, die im Prädikat in der Subjekt–Prädikat–Phrase ausgedrückt wird (Prädikat 2). Die Subjekt–Prädikat–Phrase bildet das Prädikat (Prädikat 1) des gesamten Satzes.

***Subjekt* 1**	***Prädikat* 1**		
	Subjekt 2	***Prädikat* 2**	
晕船的药	你		吃了没有？
新汉语词典	同学们	都	买到了。
张教授讲的课	我	现在还	听不懂。
四川菜	你		吃得很高兴啊！
这儿的风俗习惯	他		了解得很多。

Das Subjekt ist Empfänger der Handlung und bezeichnet das, was der gesamte Satz beschreibt. Vergleichen Sie:

晕船的药我吃了。(晕船的药呢？晕船的药怎么样？)

我吃晕船的药了。(你做什么了？你怎么样？)

2. 疑问代词表示虚指 Fragepronomen in indefiniter Bedeutung

Fragepronomen können außer zur Bildung von Fragesätzen oder in rhetorischen Fragen auch verwendet werden, um Personen, Dinge, Zeiten, Orte oder eine Art und Weise zu bezeichnen, die unbestimmt oder dem Sprecher unbekannt sind oder die der Sprecher nicht benennen möchte. Zum Beispiel

你应该吃点儿什么。

我不记得放在哪儿了。

这件事儿好像谁告诉过我。

我不知道怎么扭了一下胳膊。

3. "着、住"作结果补语 "着" und "住" als Ergebniskomplemente

Die Konstruktion "V + 着" wird verwendet um auszudrücken, dass das Ziel oder Ergebnis einer Handlung erreicht wurde. Zum Beispiel

晕船的药我没找着。

他要的那本书我借着了。

刚才我睡着了。

"V + 住" wird verwendet um auszudrücken, dass durch eine Handlung eine Person oder Sache fest an einem Ort verbleibt. Zum Beispiel

船好像停住了。

请站住。

小偷被抓住了。

李白的一首诗我记住了两句。

Verben können mit "着" oder "住" auch Komplemente der Möglichkeit bilden. Zum Beispiel 找得着, 睡不着, 记不住, 止不住.

4. 无主句 Der subjektlose Satz

Manche Sätze im Chinesischen haben kein Subjekt (das Subjekt wurde nicht weggelassen). Die meisten davon bestehen aus einer Verb-Objekt-Phrase und beschreiben Naturphänomene wie zum Beispiel:

下雨了。

下雪了。

刮风了。

Einige der subjektlosen Sätze beschreiben das Auftreten einer neuen Situation, zum Beispiel

上课了,请大家不要再说话。

吃饭了,咱们先复习到这儿。

5. 连……也/都…… Die Konstruktion "连…也/都…"

Die Konstruktion "连 X 也/都…" wird zur Betonung verwendet. Betont ist dabei "X", das hinter "连" steht. Die Adverbien "也" oder "都" stehen hinter dem betonten Satzteil. Die Konstruktion wird zum Ausdruck eines Vergleichs verwendet: "selbst X ist so, ganz zu schweigen von den anderen". Zum Beispiel

这儿连空气都有辣味儿。	(个个菜都是辣的)
你晕得连可乐也不想喝了。	(别的事儿更不想做了)
他连吃药、喝水都要别人帮助,病得不轻。	(他不能起床,不能上班)
我连他姓什么也不知道。	(我不了解他)

六. 字与词 Chinesische Schriftzeichen und Wörter

构词法 (8):附加式 (2) Wortbildungsmethoden (8): Wortbildung durch Hinzufügung (2)

Suffixe werden zur Bildung eines neuen Wortes an einfache oder zusammengesetzte Wörter angefügt.

(1) Das Suffix "子" wird an einfache oder zusammengesetzte Wörter zur Bildung neuer Nomen angefügt. Zum Beispiel

刀子　叉子　杯子　盘子　筷子　瓶子　桌子　妻子

儿子　孙子　孩子　房子　嗓子　本子　样子　小伙子

(2) Das Suffix "儿" (keine eigenständige Silbe) wird an einfache oder zusammengesetzte Wörter zur Bildung neuer Nomen angefügt. Zum Beispiel: 花儿, 画儿, 点儿, 事儿.

Das Suffix "儿" kann als retroflexe Endung auch an bestimmte Verben angefügt werden. Zum Beispiel 玩儿.

Hinweis: Die Suffixe “子” und “儿” werden im neutralen Ton gesprochen. Wenn sie nicht als Suffixe verwendet werden, haben sie einen Ton. Zum Beispiel 孔子, 男子, 女儿.

(3) Das Suffix “者” wird an einige Verben zur Bildung von Nomen angefügt, zum Beispiel 记者, 作者, 译者, 读者, 爱好者, 工作者, 学习者.

(4) Das Suffix “化” wird an Nomen oder Adjektive zur Bildung von Verben angefügt, zum Beispiel 绿化, 科学化.

(5) Das Suffix “家” wird an Nomen oder Verben zur Bildung von Nomen angefügt, zum Beispiel 文学家, 科学家, 艺术家, 画家.

Wang Xiaoyun unterhält sich mit ihrer Mutter über einen Autokauf. Sie streiten sich, da sie beide unterschiedliche Auffassungen zum Thema Konsum haben. In dieser Lektion bekommen Sie einen Eindruck vom "Generationenkonflikt" zwischen den beiden.

第三十五课 Lektion 35

汽车我先开着

一. 课文 Texte

(一)

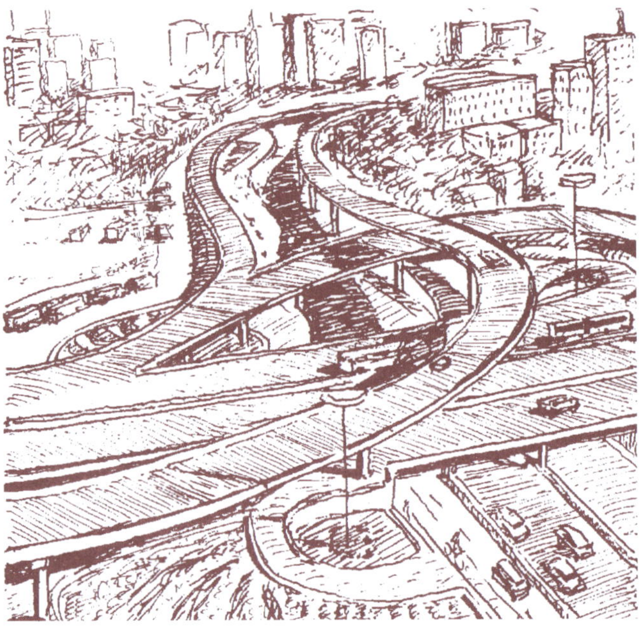

王小云：妈，开始工作以后，我就要买汽车。

母　亲：什么？你现在还没开始工作，就想买汽车？真不知道你每天都在想些什么？

王小云：这跟工作没关系。

【责备和质问】
Vorwürfe und Fragen

母　亲：怎么没关系？年轻人骑着自行车上班，不是挺好的吗？既锻炼了身体，又节约了钱。你爸爸一辈子都这样。为什么你就不能向你爸爸学习呢？

王小云：都21世纪了，还骑自行车上班！[1] 自己开车多方便，我想去哪儿就去哪儿！再说，开车最少比骑车快一倍，可以节约二分之一的时间。您知道吗？时间就是生命，时间就是金钱。

母　亲：就是21世纪，生活也得艰苦朴素，也得勤俭过日子。

王小云：大家都艰苦朴素，国家生产的汽车怎么办？都让它们在那儿摆着？经济怎么发展？

母　亲：买汽车是有钱人的事儿。[2] 我和你爸爸都没钱，你什么时候挣够了钱，什么时候再买汽车。

王小云：您别管，我自己会想办法。

母　亲：你还能想出什么办法来？告诉你，你可别想着我们的那点儿钱啊。那是我和你爸爸一辈子的积蓄。

王小云：您放心吧，您的钱我一分也不要。我想好了，等我工作以后，我就去向银行贷款。[3]

母　亲：贷款买车？你疯了！

王小云：妈，现在贷款买车的人越来越多了。

生词 Neue Vokabeln

1. 挺	Adv	tǐng	(umgangssprachlich) sehr　挺好，挺辣，挺清楚挺自然
2. 节约	V	jiéyuē	(ein)sparen, sparsam umgehen　节约钱，节约水，节约纸，节约时间
3. 一辈子	N	yíbèizi	ein Leben lang　一辈子谦虚，一辈子辛苦，一辈子都这样，工作了一辈子，

			研究了一辈子
4. 世纪	N	shìjì	Jahrhundert 21世纪,上个世纪,下半个世纪,新世纪
5. 倍	ZW	bèi	–mal, –fach 一倍,快一倍,多两倍,提高三倍
6. ……分之……		……fēnzhī……	(zum Ausdruck von Bruchzahlen und Prozentangaben) 二分之一,五分之二,百分之二十
7. 生命	N	shēngmìng	Leben 人的生命,时间就是生命
8. 金钱	N	jīnqián	Geld 节约金钱,时间就是金钱
金(子)	N	jīnzi	Geld
9. 就是	Konj	jiùshì	sofern, selbst wenn
10. 艰苦	Adj	jiānkǔ	hart, beschwerlich 艰苦的生活,艰苦的工作
11. 朴素	Adj	pǔsù	schlicht, einfach 艰苦朴素,衣服很朴素,生活朴素
12. 勤俭	Adj	qínjiǎn	fleißig und genügsam 勤俭地生活
13. 日子	N	rìzi	Tag; Leben 过日子,勤俭过日子,好日子
14. 生产	V/N	shēngchǎn	produzieren / Produktion 生产汽车,生产咖啡,生产西装,汽车生产,提高生产
15. 经济	N	jīngjì	Wirtschaft 国家经济,世界经济,发展经济
16. 管	V	guǎn	sich kümmern um 你别管我的事儿,我不管这件事儿
17. 积蓄	V/N	jīxù	sparen / Ersparnisse 有点儿积蓄,一辈子的积蓄
18. 贷款	VO/N	dàikuǎn	Kredit gewähren / Kredit 向银行贷款,借贷款,还贷款
贷	V/N	dài	leihen / Darlehen
款	N	kuǎn	Geld, Betrag 借款,还款,车款,房款
19. 疯	Adj	fēng	verrückt 你疯了,疯子

(二)

母　亲：贷款不就是借债吗？你为买车借债？这就是你想的好办法？

王小云：对啊！

母　亲：我告诉你，不行！绝对不行！

王小云：为什么不行呢？

母　亲：我这辈子一次债都没有借过。就是过去困难的时候没钱买米，我也不借债。你不能给我丢人。④

王小云：我向银行贷款，按时还钱，这怎么是丢人呢？

母　亲：你都借钱过日子了，还不丢人？再说，银行怎么会借给你钱？

王小云：这您就不了解了。您以为谁想借银行的钱谁就能借到？银行的钱只借给两种人……

母　亲：哪两种人？

王小云：一种是有钱人……

母　亲：你说什么？有钱人还借债？

王小云：对。另一种是有信用的人。

母　亲：你不能算第一种人吧？

王小云：对，我不是第一种人，可我是第二种人。[5]

母　亲：你有“信用”？你的“信用”在哪儿？

王小云：您听我说，我工作以后，有了稳定的收入，这就开始有了信用。我先付车款的十分之一或者五分之一，其余的向银行贷款。汽车我先开着，贷款我慢慢地还着。每年还百分之十或二十，几年以后，我把钱还完了，车就是我的了。我先借了钱，又按时还了钱，我的信用也就越来越高了。那时候，我又该换新车了。我再向银行借更多的钱，买更好的车。我不但要借钱买车，而且还要借钱买房子，借钱去旅游，借钱……

【解释】
etwas erklären

母　亲：这叫提高信用啊？我看，你在说梦话。

王小云：您不知道。在商品经济时代，信用就是这样建立的。跟您这么说吧，一辈子不借钱的人……

母　亲：我认为他最有信用！

王小云：不对。他一点儿“信用”也没有！妈，您老的观念跟不上时代了，[6] 得变一变了。您要学会花明天的钱，实现今天的梦。这对国家、对个人都有好处。

母　亲：你爱怎么做就怎么做，我不管。让我借债来享受生活，我做不到。

生词 Neue Vokabeln

1. 借债	VO	jièzhài	Geld leihen　向他借债
债	N	zhài	Schuld, Verpflichtung　还债
2. 绝对	Adj	juéduì	absolut　绝对不行,绝对可以,绝对干净,绝对不会,绝对没有
3. 困难	Adj/N	kùnnan	hart, schwierig / Mühsal, Schwierigkeit　困难的时候,困难的日子,困难的问题,有困难,不怕困难
4. 米	N	mǐ	Reis　用米做饭,没有钱买米
5. 丢人	VO	diūrén	das Gesicht verlieren, eine Schmach erleiden　给我丢人,真丢人,丢人的事儿
6. 按时	Adv	ànshí	pünktlich, rechtzeitig　按时还钱,按时还书,按时交钱,按时交练习,按时复习
7. 信用	N	xìnyòng	Glaubwürdigkeit, Kreditwürdigkeit　有信用,没有信用,建立信用,提高信用
8. 稳定	Adj	wěndìng	stabil　稳定的收入,稳定的生活,稳定的关系
9. 付	V	fù	bezahlen　付款,付车款
10. 其余	Pr	qíyú	der Rest, restlich　其余的人, 其余的贷款,其余的债
11. 梦话	N	mènghuà	Unsinn; im Traum reden　说梦话
梦	N	mèng	Traum　做梦,今天的梦
12. 商品经济	N	shāngpǐn jīngjì	Warenwirtschaft　商品经济时代
商品	N	shāngpǐn	Waren, Handelsgüter　商品很多,商品生产
13. 跟	V	gēn	folgen　跟谁,跟得上,跟不上他

14. 观念	N	guānniàn	Vorstellung, Idee 新的观念,旧的观念
15. 时代	N	shídài	Zeit, Ära 新时代,商品经济时代,跟得上时代
16. 变	V	biàn	ändern, sich verändern 观念变了,看法变了,主意变了,习惯变了,方式变了,天气变了,时代变了,意思变了
17. 实现	V	shíxiàn	verwirklichen 实现今天的梦,实现打算,实现建议,实现绿化
18. 好处	N	hǎochù	Vorteil, Nutzen 有好处,没有好处,对国家有好处
19. 享受	V/N	xiǎngshòu	genießen, Gefallen finden an / Genuss 享受生活

补充生词 Zusätzliche Vokabeln

1. 高薪	N	gāoxīn	hohes Gehalt
2. 穷人	N	qióngrén	arme Leute
3. 乱	Adj	luàn	durcheinander, unordentlich
4. 消费	V	xiāofèi	konsumieren
5. 追求	V	zhuīqiú	nach etw. streben, verfolgen
6. 大部分		dàbùfen	Großteil, meist
7. 存款	N	cúnkuǎn	Bankguthaben
8. 交际	N	jiāojì	Kommunikation, gesellschaftlicher Umgang
9. 今朝有酒今朝醉		jīnzhāo yǒu jiǔ jīnzhāo zuì	Hier und Jetzt leben und nicht an die Zukunft denken
10. 奋斗	V	fèndòu	kämpfen, um etw. ringen
11. 美德	N	měidé	Tugend

二. 注释 Anmerkungen

① 都21世纪了,还骑自行车上班!

"(Wir) haben schon das 21. Jahrhundert, soll man da noch mit dem Fahrrad zur Arbeit fahren!"

Im gesprochenen Chinesisch wird das Adverb "都" in der Bedeutung "已经" verwendet. Zum Beispiel

你都借钱过日子了,还不丢人?

都十一点半了,他还不睡觉。

② 买汽车是有钱人的事儿。

"Ein Auto zu kaufen ist etwas für reiche Leute."

"有钱人" bedeutet reiche Leute.

③ 等我工作以后,我就去向银行贷款。

"Wenn ich eine Arbeit gefunden habe, werde ich wegen eines Kredites zur Bank gehen."

Die Konstruktion "等+VP/S-PP(+的时候/以后)" steht in der Regel als Teilsatz vor dem Hauptsatz, um anzugeben, wann die Handlung des Hauptsatzes stattfindet. "等" verweist darauf, dass es noch einige Zeit dauern wird, bis das Geschehen des Hauptsatzes stattfindet. Im Hauptsatz stehen häufig Wörter wie "就,再,才". Zum Beispiel

等吃了饭,咱们就走。

等回国以后,我就去看她。

等他上班的时候你们再去找他。

等我打完电话,才发现陈老师已经走了。

④ 你不能给我丢人。

"Lass mich nicht das Gesicht verlieren."

Das Verb "给" bedeutet "lassen, veranlassen". Es wird wie "叫" und "让" verwendet. Man kann auch sagen "你不能让我丢人". "给" wird häufig in der gesprochenen Sprache verwendet.

⑤ 对，我不是第一种人，可我是第二种人。

"Richtig, ich gehöre nicht zur ersten Kategorie sondern zur zweiten."

Hier bedeutet "可" "可是".

⑥ 您老的观念跟不上时代了。

"Deine Konsumvorstellung ist nicht zeitgemäß."

"老" wird hinter "您" oder einem Familiennamen verwendet, um Respekt auszudrücken. Gewöhnlich wird "您老" verwendet, wenn man mit älteren Personen spricht; "老" steht zur Anrede betagter Personen von großer Gelehrsamkeit oder hohem sozialen Status hinter dem Familiennamen. Zum Beispiel 张老，王老.

三. 练习与运用 Übungen und Anwendung

Schlüsselsätze

1. 我想去哪儿就去哪儿！
2. 你什么时候挣够了钱什么时候再买汽车。
3. 您以为谁想借银行的钱谁就能借到？
4. 你爱怎么做就怎么做。
5. 他一点儿"信用"也没有！
6. 您的钱我一分也不要。
7. 就是过去困难的时候没钱买米，我也不借债。
8. 等我工作以后我就去向银行贷款。
9. 你都借钱过日子了，还不丢人？
10. 开车最少比骑车快一倍，可以节约二分之一的时间。

1. 熟读下列短语 Lesen Sie die folgenden Wortgruppen und prägen Sie sie sich ein

(1) 快一倍　　贵两倍　　大五倍　　多十倍

车款的十分之一　　房款的五分之四

还了贷款的百分之十　　节约了二分之一的时间

(2) 都21世纪了　都20岁了　都11点了　都两年了　都看过三遍了

(3) 等我有空儿的时候　等中秋节的时候　等我工作以后

等他有了房子以后　等雨停了以后

(4) 哪儿好玩儿就去哪儿　喜欢住哪儿就住哪儿

在哪儿上班就在哪儿休息　我走到哪儿小狗就跟到哪儿

什么便宜就买什么　什么时候方便就什么时候来

想说什么就说什么　愿意给谁就给谁　喜欢谁就送给谁

谁的东西谁就拿走　谁想参加谁就参加　怎么教就怎么学

想怎么吃就怎么吃　愿意怎么写就怎么写　他怎么问你就怎么回答

2. 句型替换 Substitutionsübungen

(1) 你什么时候买车？

什么时候挣够了钱就什么时候买车。

我	来找你	你有时间
我们	吃饭	做好饭
你们	结婚	合适
他们	买房子	能向银行贷款

(2) 咱们去哪儿？

你想去哪儿就去哪儿！

买点儿什么	什么便宜就买什么。
送她什么礼物	她喜欢什么礼物就送她什么礼物。
让谁演主角	谁演得好就让谁演。
怎么去剧场	怎么方便就怎么去。
买多少纸	你要用多少就买多少。

(3) 他有没有信用？

他一点儿信用也没有！

王老师	时间	一点儿
你	真丝衬衫	一件
她	中文古书	一本
夏令营	书法爱好者	一个
这个越剧团里	男演员	一个

(4) 这些传说你听说过吗？

这些传说我一个也没听说过。

油画	喜欢	一幅也不
辣的菜	想吃	一个也不
问题	研究过	一个也没
事儿	知道	一点儿也不

(5) 你向别人借过债吗？

没有。就是没钱买米我也不向别人借债。

明天参加植树	参加	别人都不参加	要参加
想学中国画	想	困难很大	要学
管过你的弟弟妹妹	没有	他们让我管	不管
认为现在要艰苦朴素	要	我很有钱	要艰苦朴素

(6) 这两辆汽车哪辆贵？

这辆汽车比那辆贵一倍。

(条)河	长	两倍
(间)房子	大	三分之一
(棵)树	高	五分之二
(个)学校的学生	多	百分之二十五

(7) 你现在就要换新车吗？

不，等有了一些积蓄以后再换新车。

走	雨停了
出发	小张来了
养花	买了房子以后
下棋	有空儿的时候

3. 课堂活动 Aktivitäten im Seminarraum

Lösen Sie zusammen mit Ihren Kommilitonen die nachfolgenden Aufgaben auf Chinesisch. Ein Student stellt eine Frage, ein anderer antwortet. Zum Beispiel

三的五倍是多少？

八十的四分之一是多少？

英语系的学生有800人，汉语系的学生是英语系学生的25%，是多少人？

4. 会话练习 Dialogübungen

Idiomatische Wendungen im Gespräch
您听我说 (Lass mich erklären.)
这您就不懂了 (Das verstehst du nicht.)
你别管 (Kümmere dich nicht darum.)
绝对不行 (Absolut nicht.)

[责备与质问 Vorwürfe und Fragen]

Viele Wendungen in den nachfolgenden Gesprächen sind unhöflich. Achten Sie genau darauf, bei welchem Anlass sie verwendet werden können.

(1) A：是你把这事儿告诉她的吧？

B：是啊。应该让她知道这件事儿。

A：她现在身体很不好，为什么你就不能等她好点儿再告诉她？真不知道你是怎么想的。

B：我觉得告诉她这件事儿跟她的身体没关系。

A：怎么没关系？她现在都睡不好觉、吃不好饭了。

(2) A：真不知道你是怎么工作的，你怎么能把这么重要的东西搞丢了？

B：经理，我是很注意的，每天下班的时候我都认真地检查一遍。

A：可是东西不是丢了吗？这叫"认真"啊！

B：真对不起。我想还有办法，比如说……

A：这就是你想的好办法？我看，你是在说梦话。

[拒绝 Ablehnung]

A：昨天的事儿我想再跟您研究一下。

B：那件事儿我不管。

A：我想您可以再找他谈一次。

B：找他谈？我做不到。就是他找我，我也不想说。我告诉你，不行，绝对不行。

[解释　Etwas erklären]

A：老张昨天为什么没有跟大家一起去参观？你们忘了告诉他了？

B：您听我说。情况是这样的，我们打电话通知他的时候，他不在。

A：他应该每天都在啊！

B：这您就不了解了。上月五号他已经退休了。

A：以后这样的活动还应该通知他。

B：我跟您这么说吧，以后这样的活动可以不通知他；通知了他，他也可以不参加。

5. 看图说话　Beschreiben Sie die Bilder

想要什么就……

想看什么就……

想做什么就……

不想得到什么就……

6. 交际练习　Konversationsübungen

(1) Diskutieren Sie mit Ihren Kommilitonen die Positionen von Wang Xiaoyun und ihrer Mutter zum Konsum.

(2) Berichten Sie Ihren Kommilitonen, ob es zwischen Ihnen und Ihren Eltern (oder der älteren Generation) einen “Generationenkonflikt” in Bezug auf bestimmte Dinge gibt.

Schreiben Sie danach das Gesagte auf.

四. 阅读和复述 Leseverständnis und Nacherzählung

高薪穷人族

生活里常常看到这样的事儿：越是拿高薪的人，越感到钱不够用，要经常借钱花。他们每月挣得不少，可是花得更多。有钱的时候，他们就乱花，想去哪儿玩儿就去哪儿玩儿，什么东西贵就买什么。等钱花完了，他们可能就连饭也吃不上了，日子过得很困难。拿着高薪，有时过着一分钱也没有的生活，这就是年轻的"高薪穷人族"的消费方式。

这些人大部分都没有结婚。他们追求个人享受，自己挣钱自己花，不用管别人。对他们来说，花钱是一种"快乐"。他们觉得自己是在享受一种消费文化，是一种新的消费观念。

高薪穷人族大部分既没有银行存款，又没有自己的住房，二十几岁还跟父母住在一起，每月只向父母交很少的一点儿饭钱，大部分收入都花在个人消费上，比如买衣服、下饭馆、搞交际、上酒吧、看演出、去旅游。这些"高薪穷人"自己并不觉得这有什么问题。他们的想法是：不管那么多，先享受了生活再说。

他们的父母也常跟他们说，不能"今朝有酒今朝醉"地过日子，就是二十一世纪生活也得艰苦朴素，也得勤俭过日子。艰苦奋斗是中华民族的美德，什么时候也不能忘。可是他们认为老人的消费观念跟不上时代，得变一变。他们觉得花明天的钱，实现今天的梦，这对国家、对个人都有好处。他们这种生活方式是一种新的消费观念吗？

五. 语法 Grammatik

1. 疑问代词表示任指(1) Fragepronomen mit generellem Bezug (1)

Ein und dasselbe Fragepronomen können in einem Satz zweimal verwendet werden mit Bezug zu derselben Person, Sache, Zeit, Ort oder Art und Weise. Bei der ersten Verwendung wird das Fragepronomen in indefiniter Bedeutung verwendet, bei der zweiten Verwendung bezieht es sich auf die erste. Die beiden Wortgruppen mit Fragepronomen sind häufig durch “就” verbunden. Zum Beispiel

你什么时候挣够了钱什么时候再买车。

你想怎么过就怎么过!

银行的钱不是谁想借,谁就能借到。

我想去哪儿就去哪儿!

你爱怎么着就怎么着。

Das Fragepronomen kann in beiden Teilsätzen eine unterschiedliche grammatische Funktion haben. Zum Beispiel

谁有知识,我们就向谁学习。

哪种办法好,我们就用哪种。

Hinweis: Hat der zweite Teilsatz ein Subjekt, steht “就” dahinter. Man kann nicht sagen: ⊗“银行的钱不是谁想借,就谁能借到。” ⊗“谁有知识,就我们向谁学习。” ⊗“哪种办法好,就我们用哪种。”

2. 分数、百分数、倍数 Bruchzahlen, Prozentangaben und Vielfache

In einer Bruchzahl wird der Bruchstrich “分之” gelesen. Zuerst wird der Nenner genannt, dann der Zähler. Zum Beispiel

3/4——四分之三

6/25——二十五分之六

1/3——三分之一

Das Prozentzeichen “%” wird “百分之” gelesen, zum Beispiel

6%——百分之六

93%——百分之九十三

Ein Vielfaches wird aus einer Zahl und dem Schriftzeichen “倍” gebildet und wird “ZW+倍” gelesen. Zum Beispiel

开车最少比骑自行车快一倍。

8是4的两倍。

今年的学生是去年的三倍,去年是50个学生,今年是多少?

3. 一……也/都+没/不…… Die Konstruktion “一…也/都+没/不…”

Diese Konstruktion wird häufig zur Betonung von Negationen verwendet. Auf das Schriftzeichen “一” folgt ein Zähleinheitswort oder ein Nomen. Das Nomen bezeichnet gewöhnlich den Empfänger der Handlung, manchmal ist es auch der Ausführende der Handlung. Wird “一” zur Betonung verwendet, klingt der Satz meist etwas übertrieben. Zum Beispiel

他一点儿信用都没有。

我这辈子一次债都没有借过。

植物园里一个人也没有。

这次活动我们系一个人也没有参加。

In Sätzen mit einer Subjekt-Prädikat-Phrase als Prädikat wird “一…也/都+没/不…” häufig zum Ausdruck von Ausschließlichkeit verwendet. Zum Beispiel

您的钱我一分也不要。

这事儿他好像一点儿也不知道。

4. 就是……也…… Die Konstruktion “就是…也…”

In dieser Konstruktion führt “就是” eine Bedingung oder Einräumung ein und “也” wird verwendet um anzuzeigen, dass das Ergebnis nicht durch die vorgenannte Situation beeinträchtigt wird. Zum Beispiel

就是21世纪生活也得艰苦朴素。

就是没钱买米,我也不借债。

明天就是下大雨,我也要去参观展览。

六. 字与词 Chinesische Schriftzeichen und Wörter

构词法（9）：附加式（3） Wortbildungsmethoden （9）: Wortbildung durch Hinzufügung（3）

Suffixartige Schriftzeichen werden zur Bildung eines neuen Wortes an einfache oder zusammengesetzte Wörter angefügt. Zum Beispiel

（1）生：医生　学生　先生　小学生　中学生　大学生　留学生　研究生

（2）员：队员　演员　售货员　售票员　服务员　技术员　教员　学员

（3）家：画家　美术家　书法家　科学家　文学家　旅行家　教育家

（4）馆：饭馆　茶馆　咖啡馆　图书馆　美术馆　博物馆　展览馆　熊猫馆

（5）院：医院　学院　医学院　商学院　文学院　科学院　语言学院　电影院　长安大戏院

Das Klima ist für Reisende wichtig. China ist ein riesiges Land mit klimatischen Unterschieden zwischen den einzelnen Regionen. Xiao Yanzi, die als Reiseleiterin arbeitet, sagt, dass es für jede Jahreszeit passende Reiserouten gibt. Lassen Sie uns ihre Erklärung hören.

第三十六课 Lektion 36

北京热起来了

一. 课文 Texte

(一)

马大为：小燕子，我有个朋友要来中国旅游，他问我，什么季节来比较好。中国这么大，气候一定很复杂吧？

小燕子：没错儿。从热带到寒带，各种气候中国差不多都有。①

【谈气候】
Über das Klima sprechen

马大为：北京的气候有什么特点？

小燕子：一年有春、夏、秋、冬四个季节，非常清楚。

马大为：可是我觉得这儿只有冬天，好像没有春天。

小燕子：北京有春天。应该说：这儿的春天很短，冬天很长。

马大为：3 月房子里的暖气还没停，现在都 4 月了，气温才 11 度，我还穿着羽绒服呢。

小燕子：是啊！从 11 月到第二年 4 月，北京天气都很冷，常常刮大风，有时候还下雪。三四月南方各种花都开了，可是北京还比较冷，有时候人们还得穿着冬天的衣服。

马大为：就是。你看我就穿得这么多，连路也走不动了。

小燕子：可是北京一到 5 月，天气就热起来了。姑娘们也开始穿裙子过夏天了。

马大为：我很喜欢北京的夏天。当然，最好秋天来北京旅游。②

【提建议】
Einen Vorschlag machen

小燕子：对，秋天是北京最好的季节，天气很凉快，不刮风，不下雨，不冷也不热，非常舒服。你朋友秋天来得了吗？

马大为：我想他来得了，不过还得问问他。

小燕子：除了秋天以外，别的季节也可以来中国旅游。因为各个地方的特点不同，一年四季都有很好的旅游路线。比如春天可以欣赏江南山水，秋天可以游览内蒙草原，夏天去东北，冬天到海南岛。我这儿有一些旅游介绍，你可以寄给他。

马大为：太好了！我一回去就给他打电话，让他秋天来。就是秋天来不了，也没关系，还可以有很多别的选择。

小燕子：对，什么时候能来就什么时候来，想去哪儿就去哪儿。

生词 Neue Vokabeln

1. 季节	N	jìjié	Jahreszeit	一年有四个季节，最好的季节，别的季节
季	N	jì	Jahreszeit	一年四季，春季，夏季，秋季，冬季
2. 气候	N	qìhòu	Klima	中国的气候，北京的气候，气候条件
3. 复杂	Adj	fùzá	kompliziert	复杂的气候，复杂的情况，复杂的问题，复杂的动作，复杂的办法
4. 热带	N	rèdài	tropische Zone	热带气候，热带水果，热带植物
5. 寒带	N	hándài	Polarzone	寒带气候，从热带到寒带
6. 各	Pr	gè	jede (–r, –s)	各种气候，各种花，各个地方，各位老师
7. 暖气	N	nuǎnqì	Heizung	有暖气，开暖气，关暖气，暖气停了
8. 羽绒服	N	yǔróngfú	Daunenjacke	穿着羽绒服，名牌羽绒服，一件羽绒服
9. 有时候	R	yǒushíhou	manchmal	有时候下雪，有时候很冷
有时	Adv	yǒushí	manchmal	有时下雪，有时很冷

10. 动	V	dòng	bewegen 走不动，搬不动，拿得动，跑得动
11. 裙子	N	qúnzi	Rock 穿裙子，一条裙子
12. 最好	Adv	zuìhǎo	am besten, sollte lieber 最好秋天来，最好今天做完
13. 凉快	Adj	liángkuai	(angenehm) kühl 天气很凉快，这儿很凉快，早上很凉快
14. 了	V	liǎo	können 来得了，来不了
15. 除了……以外		chúle……yǐwài	außer, neben 除了秋天以外，除了这首诗以外，除了喜欢书法以外
16. 路线	N	lùxiàn	Strecke, Route 旅游路线，开车的路线
17. 草原	N	cǎoyuán	Grasland, Grünland 大草原，内蒙草原
18. 选择	V/N	xuǎnzé	auswählen / Auswahl 选择专业，选择地方选择时间，选择办法，别的选择，有很多选择
19. 江南	EN	Jiāngnán	südlich des Changjiang
20. 内蒙	EN	Nèiměng	Innere Mongolei
21. 东北	EN	Dōngběi	der Nordosten

（二）

丁力波：小云，你在读什么书呢？

王小云：《唐诗选》[3]，以前我现代诗看得比较多，现在我也喜欢起古诗来了，特别是唐诗。

丁力波：唐诗在中国文学史上非常重要，是不是？

王小云：是啊，像李白、杜甫都是中国最伟大的诗人[4]。

丁力波：他们跟莎士比亚一样有名吧？

王小云：没错儿，他们都是世界有名的诗人。不过，他们比莎士比亚的岁数可大多了。

丁力波：莎士比亚是四百多年以前的人啊。

王小云：李白如果活着，该有一千三百多岁了。

丁力波：比莎士比亚早那么多！中国文学的历史真长。这些古诗我们现在恐怕还读不了。我记得小时候，我妈妈教过我一首李白的诗。

王小云：哪一首诗，你还背得出来吗？

【表示可能】
Eine Möglichkeit ausdrücken

丁力波：我试试。

床前明月光，
疑是地上霜。
举头望明月，
低头思故乡。

王小云：你唐诗记得很熟啊！

丁力波：谢谢。可是除了这首诗以外，别的诗我都背不出来了。

王小云：你是不是想妈妈了？

丁力波：是，昨天我收到了妈妈的信。信写得很长，一共三页。

王小云：杜甫说过“家书抵万金”。“书”是“信”的意思，家里来的信是很珍贵的。

丁力波：“家书抵万金”，说得多么好啊！我要给妈妈回一封长信，我有好多话想对她说。

王小云：恐怕五页也写不下吧？

生词 Neue Vokabeln

1. 现代	N	xiàndài	Moderne, modern 现代诗,现代文学,现代舞蹈,现代音乐,现代艺术
2. 伟大	Adj	wěidà	groß, großartig 伟大的科学家,伟大的文学家,伟大的作品,伟大的时代
3. 诗人	N	shīrén	Dichter 最伟大的诗人,现代诗人
4. 小时候	N	xiǎoshíhou	in der Kindheit 小时候妈妈教我,小时候他很艰苦
5. 背	V	bèi	auswendig lernen, aus dem Gedächtnis wiedergeben 背诗,背课文,背一遍,背不下来
6. 床前明月光		Chuáng qián míng yuè guāng	"Vor dem Bett scheint der helle Mond."
7. 疑是地上霜		Yí shì dì shàng shuāng	"(ich) vermute, der Boden ist von Reif überzogen"
8. 举头望明月		Jǔ tóu wàng míng yuè	"(ich) hebe (meinen) Kopf und blicke auf den hellen Mond"
9. 低头思故乡		Dī tóu sī gùxiāng	"(ich) senke (meinen) Kopf und denke an (meine) Heimat"
10. 熟	Adj	shú	vertraut, bekannt 我们很熟,跟他不熟,记得很熟
11. 页	ZEW	yè	Seite 这本书有280页,第一页
12. 家书抵万金		Jiāshū dǐ wàn jīn	"Ein Brief von Zuhause ist ein Vermögen in Gold wert."
13. 珍贵	Adj	zhēnguì	kostbar, wertvoll 珍贵的信,珍贵的纪念品,珍贵的礼物
14. 封	ZEW	fēng	(Zähleinheitswort für Briefe) 两封信,一封长信
15.《唐诗选》	EN	《Tángshī Xuǎn》	*Ausgewählte Tang-Gedichte*
16. 杜甫	EN	Dù Fǔ	Du Fu (ein berühmter Dichter der Tang-Zeit)
17. 莎士比亚	EN	Shāshìbǐyà	William Shakespeare

补充生词 Zusätzliche Vokabeln

1. 僧敲月下门		Sēng qiāo yuè xià mēn	
		“Ein Mönch klopft unter dem Mondlicht an ein Tor.”	
敲	V	qiāo	klopfen
2. 毛驴	N	máolǘ	Esel
3. 描写	V	miáoxiě	beschreiben
4. 鸟宿池边树		Niǎo sù chí biān shù	
	“Ein Vogel verbringt die Nacht auf einem Baum an der Seite des Teiches.”		
鸟	N	niǎo	Vogel
5. 寺庙	N	sìmiào	Tempel
6. 推	V	tuī	schieben, stoßen
7. 轿子	N	jiàozi	Sänfte
8. 经过	V	jīngguò	passieren
9. 官	N	guān	Beamter
10. 拉	V	lā	ziehen
11. 思考	V	sīkǎo	nachdenken, überlegen
12. 贾岛	EN	Jiǎ Dǎo	Jia Dao (ein Dichter der Tang-Dynastie)

二. 注释 Anmerkungen

① 各种气候中国差不多都有。

“In China gibt es fast jedes Klima.”

“各+ZEW+N” bezeichnet alles innerhalb eines bestimmten Bereiches (jedes), gewöhnlich muss ein Zähleinheitswort stehen. Zum Beispiel: 各种方法，各位老师，各种情况，各种书，各种困难. Weitere Beispiele:

他试过各种方法。

各个民族有不同的传说。

各位老师，各位同学，大家好！

② 当然,最好秋天来北京旅游。

"Natürlich ist es am besten, im Herbst nach Peking zu reisen."

"最好" kennzeichnet die beste Wahl oder einen Wunsch. Zum Beispiel:

最好明天不下雨，也不刮风。

最好你自己去办这件事。

③《唐诗选》

Ausgewählte Tang-Gedichte.

"唐诗" bezeichnet die Gedichte der Tang-Dynastie. In der Tang-Dynastie (618-907) erreichte die Entwicklung der chinesischen Dichtung einen Höhepunkt. Die Tang-Zeit brachte viele große Dichter, wie Li Bai oder Du Fu, hervor. Mehr als 50.000 Gedichte von über 2200 herausragenden Dichtern sind überliefert.

④ 像李白、杜甫都是中国最伟大的诗人。

"Dichter wie Li Bai oder Du Fu gehören zu den größten Dichtern Chinas."

Das Verb "像" kann zur Angabe von Beispielen verwendet werden. Es unterscheidet sich in der Verwendung von "比如" und kann in der Regel nicht am Satzende stehen. Zum Beispiel:

像丁力波、马大为，他们都是语言学院的学生。

中国的大城市很多，像北京、上海、广州都是。

三. 练习与运用 Übungen und Anwendung

Schlüsselsätze

1. 你朋友秋天来得了吗?
2. 你看我就穿得这么多，连路也走不动了。
3. 恐怕五页也写不下吧?
4. 从热带到寒带，各种气候中国差不多都有。
5. 我一回去就给他打电话。
6. 北京一到5月，天气就热起来了。
7. 最好秋天来北京旅游。
8. 除了秋天以外，别的季节也可以来中国旅游。
9. 除了这首诗以外，别的诗我都背不出来了。
10. 像李白、杜甫都是中国最伟大的诗人。

1. 熟读下列短语 Lesen Sie die folgenden Wortgruppen und prägen Sie sie sich ein

(1) 坐不下六个人　放不下三张桌子　住不下这么多人
站得下一万人　停得下十五辆车

(2) 吃不了这么多水果　赢不了他们队　上不了班
喝得了这瓶可乐　办得了这件事儿

(3) 搬不动这个书架　走不动这么远的路　拿不动一百斤米
开得动这辆汽车　骑得动自行车

(4) 热起来了　冷起来了　好起来了　高兴起来了
喜欢起古诗来了　唱起歌来了　下起雨来了　刮起风来了

(5) 各位同学　各个地方　各个学校　各个城市
各种气候　各种书　各种情况

2. 句型替换 Substitutionsübungen

(1) 一页写得下这么多话吗？
恐怕写不下。

一辆车	坐得下	五个人
一个书架	放得下	这么多书
这张纸	包得住	这件礼物
这个电梯	站得了	15 个人

(2) 你朋友秋天来得了来不了北京？
我想他来得了。

大学生队	明天	赢	他们
陈老师	星期六	去	长城
他	下午	办	这事儿
小张	一个月	花	这些钱

(3) 你怎么连路也走不动了？
我穿得太多了。

一盆花	搬	累极了
自行车	骑	饿极了
书包	拿	胳膊疼

(4) 你打算什么时候给他寄旅游介绍？

他一打来电话，我就给他寄旅游介绍。

回国	学校	放假
买汽车	银行	贷款
出国留学	这儿学习	结业

(5) 北京夏天的气候怎么样？

北京一到 5 月就热起来了。

冬天	11 月	冷
秋天	9 月	凉
快春天	3 月	刮(风)
夏天	6 月	下(雨)

(6) 你们都去内蒙草原旅游过吗？

除了小张以外，我们都去旅游过。

习惯吃中餐	新来的同学	习惯了
交了罚款	马大为	还没有交
每天看电视	星期五和星期六	不看
会中国武术	丁力波	不会

(7) 除了李白的这首诗以外，你还能背什么？

我还能背杜甫的一首诗。

唐诗	喜欢	现代诗
游泳	爱好	健美操
江南	去过	东北
旗袍	常穿	裙子

3. 课堂活动 Aktivitäten im Seminarraum

(1) Ein Student macht einen Vorschlag, ein anderer verwendet “最好” um Details hinzuzufügen, zum Beispiel

A：我们应该搞一次聚会。

B：最好是星期五的晚上。

C：最好把老师也请来。

…… ……

(2) Verwenden Sie “一…就…” um anzuzeigen, dass zwei Ereignisse kurz aufeinander folgen. Zum Beispiel

A：天气一冷

B：外边儿人就少了

C：他就感冒了

…… ……

4. 会话练习 Dialogübungen

Idiomatische Wendungen im Gespräch
没错儿 (Es stimmt, dass...)
就是 (Das stimmt.)
应该说 (Man muss sagen...)

[谈气候 Über das Klima sprechen]

A：可能是因为环境污染的问题，现在气候变得越来越奇怪了。

B：是啊。咱们这儿是北方，可是今天的气温最高到了35度，比南方还高，成了全国最热的地方了。

A：而且一下起雨来就停不住，也跟南方差不多了。

B：冬天的气温也越来越高，很少下雪。

A：我觉得现在的气候是有点儿不正常。

[提建议 Einen Vorschlag machen]

A：这几天我正在选课呢。你说选哪些课好？

B：除了301以外，口语课也是一定要选的。咱们的口语水平还要继续提高。

A：我也是这样想的。语法课呢？

B：如果你有时间，最好也选语法课。对了，我还建议你选汉字课。

[表示可能 Eine Möglichkeit ausdrücken]

A：喂，是小钱吗？我是小王，明天的聚会我参加不了了。

B：你怎么了？

A：我感冒了，恐怕明天去不了了。

B：是吗？没关系，你好好休息吧。

A：谢谢你。对了，吃饭的时候你见得到力波吗？

B：有什么事儿？

A：我想请他帮个忙，星期四跟我一起到邮局去把我的书取回来。我一个人拿不动。

B：我一定告诉他。

5. 看图说话 Beschreiben Sie die Bilder

踢……了

睡……下

跑……动

6. 交际练习 Konversationsübungen

(1) Beschreiben Sie das Klima in Ihrem Heimatland oder Ihrer Heimatstadt.

(2) Beschreiben Sie einen Ort in Ihrem Heimatland, den man im Sommer besuchen kann. Schreiben Sie danach das Gesagte auf.

四. 阅读和复述 Leseverständnis und Nacherzählung

僧敲月下门

贾岛是唐代有名的诗人。传说,他常骑着毛驴做诗。有一天,他骑在毛驴上,想写一首描写月夜景色的诗。他已经想出了两句:

鸟宿池边树,
僧敲月下门。

这是两句好诗,很好地描写出一幅月夜的景色:水池边有一棵大树,月光照在树上,树上的小鸟儿已经安静地睡觉了;有一个和尚来到寺庙门前,用手轻轻地敲寺庙的大门。贾岛一边念着这两句诗,一边往前走,心里非常高兴。但是他又觉得夜里这么安静,这个和尚不应该"敲"门,用手"推"门比较好。他又念了几遍,还是觉得"敲"比"推"好。

他骑在小毛驴上,也不看路,只想着用手"推门"还是用手"敲门"。他的毛驴已经从山下的小路走上了大路。这时候,韩愈坐着轿子正从这儿经过。贾岛的毛驴跟韩愈的轿子撞上了。韩愈可是大官,保护他的人马上走过来,把贾岛从毛驴上拉了下来,问他想要干什么。

贾岛还不知道出了什么事,就被带到轿子前边。他看见轿子里坐着一位大官,就说:"真对不起,刚才我正在想自己诗中的一个字呢,没看见您,跟您撞上了……"

韩愈也是一位诗人,对做诗很感兴趣。一听说是写诗,他就走下轿子,笑着问贾岛,"什么诗呀?你念给我听听。"贾岛就把自己的诗句念给韩愈听。他还问韩愈,是"僧敲月下门"好呢,还是"僧推月下门"好。

韩愈连想也没想,就说:"'敲'比'推'好。你想,在没有人、也没有声音的月夜,有几下敲门的声音,不是更让人觉得安静吗?"

后来"推敲"就成了一个新词,表示"研究、思考"的意思。贾岛和韩愈也成了很好的朋友。

五. 语法 Grammatik

1. 可能补语(2) Das Komplement der Möglichkeit (2)

Verben wie "下", "了" und "动" können als Komplement der Möglichkeit verwendet werden.

"V+得/不+下" zeigt an, ob der verfügbare Platz ausreichend für eine bestimmte Menge oder Anzahl von Dingen/Personen ist. Häufig verwendete Verben sind: 站, 坐, 睡, 停, 放, 住. Zum Beispiel

书包里放不下这么多东西。

这儿停不下十辆汽车。

宿舍住得下这么多人吗?

"V + 得/不 + 了" zeigt an, ob eine Bewegung oder Handlung stattfinden kann. (Normalerweise kann das Verb "了" nur als Komplement der Möglichkeit verwendet werden.) Zum Beispiel

你朋友秋天来得了吗?

她的腿被撞伤了,她现在走不了路。

老师病了,明天上不了课。

Manchmal bringt das Verb "了" den selben Gedanken wie "完" zum Ausdruck, zum Beispiel

这么一大杯葡萄酒,她喝不了。

学院离这儿不远,用不了半个小时就到了。

"V+得/不+动" zeigt an, ob durch eine Bewegung oder Handlung eine Person oder Sache ihre ursprüngliche Position ändern kann. Zum Beispiel

你看我就穿得那么多,连路都走不动了。

他一个人搬不动这张大桌子。

你不用帮我了,我自己拿得动这些东西。

> Hinweis: Die Modalverben "能" und "可以" bringen eine Möglichkeit zum Ausdruck. Wenn allerdings ausgedrückt werden soll, dass jemand auf Grund des Fehlens von objektiven oder subjektiven Bedingungen nicht in der Lage ist, etwas zu tun, wird meist das Komplement der Möglichkeit verwendet. Zum Beispiel:
>
> 小孩搬不动这个大花盆。(Man kann nicht sagen: ⊗"小孩不能搬这个大花盆。")
>
> 这儿声音太大,我听不见。(Man kann nicht sagen: ⊗"这儿声音太大,我不能听见。")

Wird ausgedrückt, dass der Sprecher selbst in der Lage ist, etwas zu tun, oder dass das Vorliegen einer Bedingung es jemandem ermöglicht etwas zu tun, dann kann entweder ein Modalverb oder das Komplement der Möglichkeit verwendet werden. Das Modalverb wird häufiger verwendet. Zum Beispiel

我学过英语，我能翻译。 (我学过英语，我翻译得了。)

今天天气很好，能去。 (今天天气很好，去得了。)

你不用帮助我，我自己能搬。 (你不用帮助我，我自己搬得动。)

Wird gefordert, dass eine bestimmte Bewegung oder Handlung stattfindet oder soll jemand davon abgehalten werden, etwas zu tun, dann kann nur das Modalverb verwendet werden. Zum Beispiel

外边刮风了，你不能出去。(Man kann nicht sagen: ⊗"外边刮风了，你出不去。")

我可以进来吗？(Man kann nicht sagen: ⊗"我进得来吗？")

2. "起来" 的引申用法 Erweiterte Verwendung von "起来"

"V/Adj+起来" zeigt den Beginn oder die Ausdehnung einer Bewegung, Handlung oder eines Zustandes an. Zum Beispiel

刚到五月，天气就热起来了。

快要考试了，他现在忙起来了。

以前我喜欢现代诗，现在我也喜欢起古诗来了。

切蛋糕的时候，大家都唱起"祝你生日快乐"来了。

3. 一……就…… Die Konstruktion "一…就…"

"一…就…" (sobald) zeigt an, dass zwei Bewegungen oder Handlungen kurz hintereinander stattfinden. Diese zwei Bewegungen oder Handlungen können vom selben Subjekt oder zwei verschiedenen Subjekten ausgeführt werden. Zum Beispiel

陈老师一进教室就开始上课。 (ein Subjekt)

我一着急，就回答错了。 (ein Subjekt)

北京一到五月，天气就热起来了。 (zwei unterschiedliche Subjekte)

她一叫，我们就都出来了。 (zwei unterschiedliche Subjekte)

4. “除了……以外，还/都/也……” Die Konstruktion “除了……以外，还/都/也……”

“除了…以外，还/也…” bringt eine Ergänzung zum Gesagten zum Ausdruck. “以外” kann weggelassen werden. Zum Beispiel

除了秋天以外，别的季节也可以来中国旅游。

除了喜欢画画以外，他还特别喜欢中国书法。

除了现代的新诗，她也爱看唐诗。

“除了…以外，都…” schließt etwas aus dem Gesagten aus und betont die Homogenität des nachfolgend Aufgeführten. Zum Beispiel

除了这首诗以外，别的诗我都背不出来了。

除了星期六和星期日以外，我们每天上午都有汉语课。

除了不喜欢吃羊肉，她什么肉都爱吃。

六. 字与词 Chinesische Schriftzeichen und Wörter

构词法（10）：缩减式 Wortbildungsmethoden （10）: Die Methode der Verkürzung

（1）Auslassung：清华——清华大学

（2）Abkürzung：北大——北京大学，北语——北京语言大学

（3）Verkürzte Alternativen：京——北京，沪——上海，粤——广东，中美——中国和美国，中英——中国和英国

在那遥远的地方

哈萨克族民歌

王洛宾改编

Andarntio

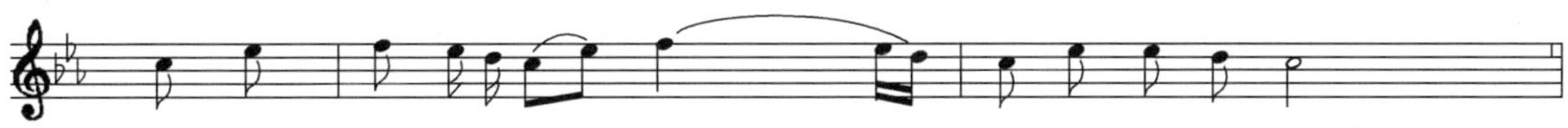

zài nà yáo yuǎn de dì fang　　yǒu wèi hǎo gū niang

1. 在 那 遥 远 的 地 方，　　有 位 好 姑 娘，

tā nà fěn hóng de xiào liǎn　　hǎo xiàng hóng tài yáng

2. 她 那 粉 红 的 笑 脸，　　好 像 红 太 阳，

wǒ yuàn pāo qì le cái chǎn　　gēn tā qù fàng yáng

3. 我 愿 抛 弃 了 财 产，　　跟 她 去 放 羊，

wǒ yuàn zuò yì zhī xiǎo yáng　　gēn zài tā shēn páng

4. 我 愿 做 一 只 小 羊，　　跟 在 她 身 旁，

rénmen zǒu guò tā de zhàng fáng dōu yào huí tóu liú liàn de zhāngwàng

人们 走 过 她 的 帐 房 都 要 回 头 留 恋 地 张 望。

tā nà huó pō dòng rén de yǎn jing hǎoxiàng wǎnshang míng mèi de yuè liang

她 那 活 泼 动 人 的 眼 睛 好 像 晚 上 明 媚 的 月 亮。

měi tiān kàn zhe nà fěn hóng de xiào liǎn hé nà měi lì jīn biān de yī shang

每 天 看 着 那 粉 红 的 笑 脸 和 那 美 丽 金 边 的 衣 裳。

wǒ yuàn tā ná zhe xì xì de pí biān bú duàn qīng qīng dǎ zài wǒ shēn shang

我 愿 她 拿 着 细 细 的 皮 鞭 不 断 轻 轻 打 在 我 身 上。

An diesem Wochenende möchte Li Na einige chinesische Freunde zum Essen in ein Restaurant einladen. Nach dem Essen streiten alle darum, wer die Rechnung bezahlt. Was ist los?

第三十七课 Lektion 37

谁来埋单

一. 课文 Texte

(一)

林　娜：小云、力波、宋华，你们今天晚上都有空儿吗？咱们到外边吃晚饭去。①

王小云：好啊，我们都去，人越多越热闹。去哪家饭馆呢？

宋　华：去哪家都行。

丁力波：对，只要不是学校餐厅的菜，我什么都想吃。咱们走吧。

……

林　娜：大为，你再来一点儿。

马大为：今天的菜味道好极了，我吃得太多，实在吃不下了。

林　娜：大家都吃好了吧，服务员，埋单。②

【在饭馆】
Im Restaurant

服务员：好，这是账单。

宋　华：把账单给我。

王小云：我来付。

服务员：谢谢，您这是二百，请稍等。

林　娜：怎么回事儿？③ 我请你们吃晚饭，你们怎么都抢着埋单？你们还比我动作快！

王小云：谁埋单都一样。

林　娜：今天是我约大家来的，就该由我付钱。④

王小云：你就下回再付吧。

丁力波：我怎么也不明白，为什么你们人人都要埋单？好吧，咱们就 AA 制吧。

王小云：不行，这次我来，下次再 AA 制。⑤

林　娜：为什么？小云，我请客，你埋单，这不成了笑话了吗？

【表示奇怪】 Überraschung ausdrücken

宋　华：你要听笑话，我可以给你们讲一个。有人说，要是看见很多人在球场上抢一个橄榄球，那可能是美国人；要是看见很多人在饭馆里抢一张纸，那就很可能是中国人。

丁力波：为什么中国人喜欢这样做呢？

宋　华：我们跟朋友在一起的时候，一般不希望给别人添麻烦，都愿意自己多拿出一些。当然有的人也可能是想表示自己大方。所以，如果几个中国人一起在饭馆吃饭，事先没有说清楚由谁请客，最后大家就会抢着埋单。你们看，对面的那几位抢得比我们还热闹呢。

生词 Neue Vokabeln

1. 埋单	VO	máidān	(umgangssprachlich) die Rechnung bezahlen 我来埋单，谁来埋单
2. 晚饭	N	wǎnfàn	Abendessen 吃晚饭，一顿(dùn)晚饭
3. 越……越……		yuè……yuè……	je ... desto ... 越多越热闹，越唱越高兴，越学越好，越活越年轻
4. 餐厅	N	cāntīng	Restaurant 学校餐厅，外边的餐厅
5. 味道	N	wèidao	Geschmack 味道很好，味道好极了，菜的味道
6. 账单	N	zhàngdān	Rechnung 饭馆的账单，医院的账单
账	N	zhàng	Rechnung, Konto 付账
单	N	dān	Liste 通知单，成绩单
7. 回	ZEW	huí	(Zähleinheitswort für Angelegenheiten oder die Häufigkeit von Handlungen) 一回事，两回事，怎么一回事，去过一回，吃过一回，用过一回
8. 抢	V	qiǎng	schnappen; drängen 抢东西，抢钱，抢着买单，抢着付账，抢着回答
9. 约	V	yuē	verabreden, einladen 约大家来，约他聊天，约朋友聚会，约同学看电影，约我散步
10. 由	Präp	yóu	durch, von 由我付，由他来做，由学校管理，由公司解决
11. 明白	Adj/V	míngbai	klar, deutlich / verstehen, begreifen 怎么也不明白，明白这件事
12. AA 制	N	AA zhì	getrennt zahlen
13. 请客	VO	qǐngkè	jmd. (zum Essen) einladen (mit der Absicht zu bezahlen) 我请客

14. 笑话	N	xiàohua	Witz, Scherz	说笑话，讲笑话，一个笑话，成了笑话
15. 球场	N	qiúchǎng	Spielfeld (für Ballspiele)	球场上，足球场
16. 橄榄球	N	gǎnlǎnqiú	American Football	踢橄榄球，橄榄球场
17. 添	V	tiān	ergänzen, hinzufügen	添麻烦，添衣服，添一点饭，添一台电脑
18. 大方	Adj	dàfang	großzügig	大方的人，动作大方
19. 事先	N	shìxiān	im voraus, vorab	事先知道，事先告诉，事先没有说清楚
20. 最后	N	zuìhòu	zuletzt, schließlich	最后一课，最后一次，排在最后

(二)

宋　华：你们喜欢吃羊肉吗？

马大为：喜欢。上星期六，我们班同学跟陈老师一起去内蒙草原旅游，还吃了烤全羊呢！

宋　华：烤全羊？你们几个人吃得了吗？

马大为：吃得了。我们班的同学除了林娜以外都去了。包括陈老师，一共 16 个人呢。

丁力波：我们是按蒙族的习惯吃的。[6] 大家一坐好，两个蒙族姑娘就抬出了烤好的羊。还有两个姑娘，一个举着酒杯，一个拿着酒壶，慢慢地向我们走过来。她们站在我们的桌子前边，唱起蒙族民歌来。

宋　华：有意思，说下去。

丁力波：这时候，饭店的经理向大家表示欢迎。他说："欢迎各国朋友来我们内蒙草原旅游。今天晚上，请大家按蒙族的习惯吃烤全羊。首先，由我们这四位姑娘向你们敬酒，请你们中间岁数最大、最受尊敬的人喝第一杯酒，吃第一块烤羊肉。"

宋　华：谁喝了第一杯酒？

马大为：当然是陈老师，她比我们岁数大。

【动作的顺序】
Abfolge von Handlungen

丁力波：四位姑娘唱着蒙族民歌，向陈老师敬酒。然后，请陈老师吃第一块羊肉。

马大为：陈老师吃了羊肉以后，四位姑娘又接着唱下去，[7] 给我们每个人敬酒、敬烤羊肉。我们也跟着唱起来。大家越唱越高兴，这个晚上过得非常愉快。

宋　华：你们吃过内蒙的烤全羊了，下个星期六，我请大家吃地道的新疆烤羊肉。

生词 Neue Vokabeln

1. 羊肉	N	yángròu	Lammfleisch 烤羊肉
2. 班	N	bān	Klasse, Gruppe 我们班,一个班
3. 烤全羊	N	kǎoquányáng	Lamm im Ganzen gegrillt
4. 按	Präp	àn	gemäß, entsprechend 按这儿的习惯,按我们的风俗,按老师的意见
5. 抬	V	tái	anheben, tragen 抬起头来,抬桌子,抬床
6. 举	V	jǔ	heben, hochheben 举杯子,举手,举重
7. 酒杯	N	jiǔbēi	Weinglas 举起酒杯,一个酒杯
8. 民歌	N	míngē	Volkslied 西藏民歌,内蒙民歌,台湾民歌,东北民歌,俄罗斯民歌
9. 饭店	N	fàndiàn	Hotel 北京饭店,长城饭店
10. 首先	Adv	shǒuxiān	zuerst
11. 敬酒	VO	jìngjiǔ	auf jds. Wohl trinken, einen Trinkspruch aussprechen 向大家敬酒
敬	V	jìng	respektieren, höflich anbieten 敬茶,敬烤羊肉
12. 受	V	shòu	erhalten, bekommen 受教育,受称赞,受污染
13. 尊敬	V	zūnjìng	respektieren 尊敬老师,尊敬老人,受尊敬的人
14. 然后	Adv	ránhòu	dann, danach
15. 接着	V/Konj	jiēzhe	weiterführen / anschließend, weiter 接着唱,接着说,接着商量,接着敬酒
16. 愉快	Adj	yúkuài	glücklich, fröhlich 过得很愉快,生活愉快,愉快的事儿
17. 蒙族	EN	Měngzú	Mongolische Nationalität
18. 新疆	EN	Xīnjiāng	Autonome Region Xinjiang

补充生词 Zusätzliche Vokabeln

1. 竹子	N	zhúzi	Bambus
2. 主人	N	zhǔrén	Gastgeber
3. 阿姨	N	āyí	Kindermädchen, Haushaltshilfe
4. 肉丝炒竹笋		ròusī chǎo zhúsǔn	gebratenes Schweinefleisch mit Bambussprossen
肉丝	N	ròusī	geschnetzeltes Fleisch
炒	V	chǎo	in der Pfanne kurz braten
竹笋	N	zhúsǔn	Bambussprossen
5. 词典	N	cídiǎn	Wörterbuch
6. 挖	V	wā	graben
7. 计划生育		jìhuàshēngyù	Geburtenplanung
计划	V	jìhuà	planen
生育	V	shēngyù	gebären
8. 优生优育		yōushēngyōuyù	gesunde Geburt und gute Erziehung
优	Adj	yōu	vorzüglich, ausgezeichnet
9. 巧云	EN	Qiǎoyún	Qiaoyun (Name einer jungen Hausangestellten)

二. 注释 Anmerkungen

① 咱们到外边吃晚饭去。

"Lasst uns zum Abendessen irgendwo hingehen."

"外边" meint ein Restaurant außerhalb des Campus.

② 服务员，埋单。

"Bedienung, die Rechnung (bitte)."

"埋单" bedeutet die Rechnung nach dem Essen bezahlen. Die Redewendung hat ihren Ursprung im Kantonesischen, ist inzwischen aber auch im Norden populär. Man kann auch sagen "买单".

③ 怎么回事儿?

"Was ist los?"

Diese Frage wird verwendet, wenn etwas Unerwartetes oder Unerklärliches geschehen ist.

④ 今天是我约大家来的,就该由我付钱。

"Heute habe ich alle eingeladen, also sollte ich auch bezahlen."

Mit "由+NP+V" wird angezeigt, dass etwas von / durch eine bestimmte Person oder Organisation gemacht wird. Zum Beispiel

电影票由宋华去买。

这个问题应该由学校解决。

⑤ 咱们就 AA 制吧。

"Lasst uns getrennt zahlen."

"AA 制"(AA in der englischen Aussprache + zhì) bedeutet, dass jeder selbst seinen Teil der Rechnung bezahlt. Im modernen Chinesisch gibt es einige Wendungen, die mit Buchstaben beginnen, wie zum Beispiel "BP 机(Piepser)" und "IP 电话(Internettelefon)". Es werden auch Abkürzungen aus westlichen Sprachen verwendet, wie zum Beispiel CD, DVD und WTO. Sie werden in der englischen Aussprache ausgesprochen.

⑥ 我们是按蒙族的习惯吃的。

"Wir haben nach mongolischen Bräuchen gegessen."

Mit "按+NP+V" sagt man, dass etwas einem bestimmten Standard entsprechend gemacht wird. Zum Beispiel

我们按那儿的风俗用手抓饭吃。

我们按医生的话一天吃三次药。

⑦ 四位姑娘又接着唱下去。

“Dann haben die vier Mädchen weitergesungen.”

Das Verb “接着” wird als Adverbialbestimmung verwendet. “接着+V” zeigt an, dass eine Handlung zeitnah auf eine erste Handlung folgt oder dass die zweite Handlung eine Fortsetzung der ersten ist. Zum Beispiel

你先说，我接着说。

他先介绍北京，接着介绍上海。

今天我们先学到这儿，明天我们接着学。

Zur Aufzählung von Handlungen in der zeitlichen Abfolge: “首先/先——再/又/接着——然后/接着——最后”.

三. 练习与运用 Übungen und Anwendung

Schlüsselsätze

1. 去哪家饭馆都行。
2. 谁埋单都一样。
3. 只要不是学校餐厅的菜，我什么都想吃。
4. 我怎么也不明白，为什么你们人人都要埋单？
5. 她比我们岁数大。
6. 对面的那几位抢得比我们还热闹呢。
7. 四位姑娘又接着唱下去。
8. 今天是我约大家来的，就该由我付钱。
9. 大家越唱越高兴。

1. 熟读下列短语 Lesen Sie die folgenden Wortgruppen und prägen Sie sie sich ein

(1) 讲下去 看下去 听下去 唱下去 念下去 背下去 聊下去 住下去

比赛下去 生活下去 演奏下去 翻译下去

(2) 谁都不认识 什么都吃过 哪儿也没去过 怎么做都可以

(3) 由陈老师教　由司机开　由你去做　由学校解决　由公司付账

(4) 跑得比他慢　睡得比以前早　做得比他们认真　发展得比农村快

棋下得比我差　球踢得比红队好　花开得比去年美　债借得比他们多

(5) 按医生的话吃药　按老师的意见准备

按蒙族习惯敬酒　按这儿的风俗送礼

2. 句型替换 Substitutionsübungen

(1) 你们喜欢听吗？

很有意思，请说下去。

讲下去
唱下去
念下去
背下去

(2) 我们去哪家饭馆呢？

哪家饭馆都行。

要什么菜	什么菜
让谁参加	谁参加
去哪儿旅游	去哪儿
打算怎么过生日	怎么过

(3) 对面的那几位抢得热闹不热闹？

对面的那几位抢得比我们更热闹。

白队	踢	好	红队
城市的经济	发展	快	农村
女学生	学习	认真	他们
今年的花	开	好看	去年

(4) 她比你们岁数大吗？

她没有我们岁数大。

张小姐	身体好
林娜	嗓子好
她姐姐	学习努力

(5) 今天的账单由谁付？

今天的账单由我付。

这个问题	去回答	丁力波
这辆新车	来开	老司机
学生宿舍	打扫	服务员
这个商店	管理	张经理

(6) 大家唱得怎么样了？
大家越唱越高兴。

雨	下	大
风	刮	大
他们	聊	热闹
他的汉语	说	流利

3. 课堂活动 Aktivitäten im Seminarraum

Erzählen Sie Ihren Kommilitonen von einem Erlebnis, verwenden Sie folgende Wörter zur Kennzeichnung der zeitlichen Abfolge: "首先/先…再/又/接着…然后/接着…最后…". Zum Beispiel

A：昨天我们去城里了，

B：我们先在书店买了很多书，

C：又买了光盘，

D：然后去饭馆吃饭，

E：接着去商场买东西，

F：最后看了一个电影。

……

4. 会话练习 Dialogübungen

Idiomatische Wendungen im Gespräch
去哪儿都行 (Überall ist es in Ordnung.)
什么都可以 (Alles geht.)
怎么回事儿 (Was ist los?)
我怎么也不明白 (Ich verstehe es einfach nicht.)

[在饭馆 Im Restaurant]

(1) A：小张，你想吃点儿什么？你来点（bestellen）菜吧。

B：我吃什么都行。小王点吧，你常来这儿，比较熟，你喜欢吃什么我们就吃什么。

C：我可喜欢吃辣的，越辣越好。你们吃得了吗？

B：没有关系，我也是“怕不辣”。

D：我病了不能吃辣，我点个烤鸭吧。

(2) A：来，为咱们的友谊，干杯！

B：干杯！

A：这几个菜味道还可以。小张，你再多吃点儿，别客气啊！

B：我已经吃得不少了，实在吃不下了。

(3) A：大家都吃好了吧？小姐，埋单。

B：今天我来付账。

A：不是已经说好了吗？这次由我埋单。

C：我看这样吧，谁也别抢着付了，咱们今天就 AA 制。

[表示奇怪 Überraschung ausdrücken]

A：小钱来了吗？

B：他没有来，他说他不参加这次比赛了。

A：怎么回事儿？他昨天不是表示愿意参加的吗？怎么变得这么快？

B：他说他不希望给别人添麻烦。

A：为什么？

B：可能他觉得自己的水平不太高，怕踢不好。

A：我怎么也不明白，他为什么这样想呢。

5. 看图说话 Beschreiben Sie die Bilder

6. 交际练习 Konversationsübungen

Beschreiben Sie, was Sie normalerweise tun oder welchen Gebräuchen Sie folgen, wenn Sie mit Freunden auswärts essen.

Schreiben Sie danach das Gesagte auf.

四. 阅读和复述 Leseverständnis und Nacherzählung

竹子的孩子

巧云在上海打工，她在一个外国人家里当阿姨。她会说一点儿英语，她主人连一句汉语也不会说。一天，巧云做了一个肉丝炒竹笋，她做得很好吃。主人指着竹笋用英语问巧云："这个很好吃，它是什么？"

巧云不会用英语说"竹笋"这个词，怎么办呢？她心里一着急就对主人说："对不起，先生，我也不知道它是什么。"

"这是你做的菜，是你去商店买的，你怎么会不知道呢？"主人有点儿不高兴地说。

巧云笑着说，"我不知道英语怎么说。请等一等，我去查一查词典。"

她查完了词典，也只会说"'竹笋'是竹子的孩子"。主人说，吃竹子的孩子不太好，我们应该保护环境、绿化环境，怎么能吃竹子的孩子呢？巧云想告诉主人，竹笋太多是长不出好竹子来的，一定要把那些长得不好的竹笋挖出来。可是，巧云还不能用英语讲清楚这个问题。说汉语，主人又听不懂，她真不知道该怎么办。突然，她想到计划生育中的一句话，就高兴地用英语对主人说，"竹子也要计划生育，只有优生优育，才能长出好竹子。"主人一听就明白了，并且大笑起来，还称赞巧云，说她讲得比老师还清楚，很有意思。

五. 语法 Grammatik

1. "下去"的引申用法 Die erweiterte Verwendung von "下去"

Das zusammengesetzte Richtungskomplement "下去" bringt die Fortdauer einer Handlung zum Ausdruck. "V/Adj + 下去" zeigt an, dass eine Handlung, die bereits begonnen hat, andauert oder dass sich ein Zustand fortsetzt. Zum Beispiel

有意思,请说下去。

陈老师吃了羊肉以后,四位小姐又接着唱下去。

大家只要学下去,就一定能学会。

天气再这样冷下去,我们就该穿羽绒服了。

2. 疑问代词表示任指(2) Fragepronomen mit generellem Bezug (2)

Wenn die Fragepronomen 谁,什么,哪儿 und 怎么 in einem Aussagesatz verwendet werden, dann haben sie die Bedeutung "jede Person oder Sache ohne Ausnahme". Die Adverbien "都" und "也" werden häufig mit den Fragepronomen zusammen verwendet. Zum Beispiel

谁埋单都一样。

吃饭去哪家饭馆都行。

他刚来北京,哪儿都想看看。

他什么都不想吃。

这件事真奇怪,我怎么也不明白。

3. 用介词"比"表示比较 (2) Die Präposition "比" zum Ausdruck eines Vergleichs (2)

Außer Wortgruppen mit Adjektiven oder Verben können auch Subjekt-Prädikat-Phrasen zum Ausdruck eines Vergleichs verwendet werden.

S + Präp"比" + N/Pr + S-PP

Subjekt	*Prädikat*		
	Präp "比"	**N/Pr**	**S–PP**
陈老师	比	我们	岁数　大。
你们	还比	我	动作　快。
这条裙子	比	那条	颜色　好吗？
我外婆	不比	我妈妈	身体　差。

In Sätzen, in denen ein Vergleich durch ein Modalkomplement zum Ausdruck gebracht wird, kann "比+N/Pr" auch hinter dem Verb und vor dem Modalkomplement stehen, ohne dass sich die Bedeutung grundlegend ändert. Zum Beispiel

对面的那几位比我们抢得还热闹呢。(对面的那几位抢得比我们还热闹呢。)

他比他朋友来得早。(他来得比他朋友早。)

张先生翻译唐诗比王先生翻译得好。(张先生翻译唐诗翻译得比王先生好。)

4. 越……越……　Die Konstruktion "越……越……"

Diese Konstruktion bringt zum Ausdruck, dass sich ein bestimmtes Ausmaß (ausgedrückt durch das Wort oder die Wörter nach dem zweiten "越") zugleich mit der Veränderung der Umstände (ausgedrückt durch das Wort oder die Wörter nach dem ersten "越") ändert. Zum Beispiel

他很着急，所以越说越快。

雨越下越大了。

大家越唱越高兴。

六. 字与词　Chinesische Schriftzeichen und Wörter

构词法(11)：综合式 Wortbildungsmethoden (11): Die Kombinationsmethode

Mit dieser Methode wird ein zusammengesetztes Wort gebildet, das aus einem Nomen besteht, vor dem ein Bestimmungswort steht. Die meisten Wörter, die so gebildet werden, sind Nomen. Zum Beispiel

照相机　办公室　借书证　通知单　服务员　出租车　展览馆

园艺师　科学家　植物园　中秋节　外交官　橄榄球　太极剑

电影院　兵马俑　羽绒服　建国门　音乐会　图书馆　美术馆

汉语课　火车站　外国人　葡萄酒　君子兰　明信片　人民币

小意思　小学生　小汽车　小时候

商品经济　中华民族　汉语词典　公共汽车　古典音乐

Li Yulan ist die Cousine von Xiao Yanzi. Jack ist ein Freund von Dawei. Die beiden haben sich kennengelernt, verliebt und geheiratet. Was glauben Sie, was diesem jungen Paar Interessantes passiert ist, als sie aufs Land gefahren sind, um die Eltern von Yulan zu besuchen?

第三十八课 (复习) Lektion 38 (Wiederholung)

你听，他叫我“太太”

一. 课文 Texte

(一)

杰　克：大为、小燕子，告诉你们一个好消息——我结婚了！玉兰嫁给我了！

小燕子：等一等，你结婚了？你们是什么时候结婚的？我们怎么都不知道？

杰　克：我结婚，我自己知道就行了。再说，我们是旅行结婚，一回来就告诉你们，不算晚吧？

小燕子：祝贺你们新婚愉快，生活幸福。

杰　克：谢谢！

【祝贺新婚】
Dem Brautpaar gratulieren

小燕子：你只让我们知道还不行，还得……

杰　克：对，我们早就去政府登记了，也拿到了结婚证。

小燕子：我想说的不是这个意思。

【澄清观点】
Einen Standpunkt deutlich machen

杰　克：那是什么意思？

小燕子：我是说，你还得请客。

杰　克：那当然。这是我们的喜糖，来，请吃糖。

小燕子：喜糖我们收下了，但这还不算是请客。

马大为：杰克，按中国人的习惯，结婚要举行婚礼。墙上、门上要贴红双喜字，新娘要坐花轿，还要摆宴席，请很多客人来。婚礼热闹得很。[1]

杰　克：要举行婚礼，我明白。我们西方人一般是在教堂举行婚礼。说到宴席，我们只请亲戚朋友在一起喝杯酒，[2]唱唱歌，跳跳舞，高兴高兴。除了特别有钱的人以外，一般都不摆宴席。

小燕子：我表姐的家在农村，结婚宴席可不只是喝杯酒。

杰　克：还有什么？

小燕子：你等着你岳父、岳母教你吧。[3]

生词 Neue Vokabeln

1.	太太	N	tàitai	Frau (Anrede) 王太太,张太太,叫她“太太”,我太太
2.	嫁	V	jià	heiraten (aus Sicht der Frau) 她嫁给他
3.	新婚	Adj	xīnhūn	frisch verheiratet 新婚的丈夫和妻子
4.	幸福	Adj	xìngfú	glücklich 祝你幸福,祝你生活幸福,幸福生活
5.	政府	N	zhèngfǔ	Regierung 中国政府,上海市政府
6.	登记	V	dēngjì	anmelden, registrieren 结婚登记,去政府登记,去派出所登记
7.	结婚证	N	jiéhūnzhèng	Trauschein, Eheurkunde 拿到结婚证
8.	喜糖	N	xǐtáng	Süßigkeit, die zur Hochzeit gegessen wird 送喜糖,请大家吃喜糖
9.	举行	V	jǔxíng	durchführen, veranstalten 举行展览,举行聚会,举行考试,举行纪念活动
10.	婚礼	N	hūnlǐ	Hochzeit 举行婚礼,参加婚礼
11.	贴	V	tiē	kleben 贴邮票,贴照片
12.	红双喜字	R	hóng shuāngxǐ zì	das rote Schriftzeichen doppeltes Glück 贴红双喜字
	双喜	N	shuāngxǐ	doppeltes Glück
	双	ZEW	shuāng	Paar 一双筷子
13.	新娘	N	xīnniáng	Braut 做新娘,当新娘
14.	花轿	N	huājiào	Brautsänfte 坐花轿,抬花轿
15.	宴席	N	yànxí	Bankett 摆宴席,结婚宴席,生日宴席
16.	客人	N	kèren	Gast 请客人来,欢迎客人
17.	教堂	N	jiàotáng	Kirche 上教堂,在教堂举行婚礼
18.	亲戚	N	qīnqi	Verwandte (-r) 我的亲戚,我们是亲戚,亲戚朋友

19. 表姐	N	biǎojiě	ältere Cousine (mütterlicherseits)
20. 只是	Adv	zhǐshì	lediglich, nur 只是开个玩笑，不只是喝杯酒
21. 岳父	N	yuèfù	Schwiegervater (Vater der Ehefrau)
22. 岳母	N	yuèmǔ	Schwiegermutter (Mutter der Ehefrau)
23. 杰克	EN	Jiékè	Jack (Australier, Name einer Figur in diesem Buch)
24. 李玉兰	EN	Lǐ Yùlán	Li Yulan (Chinesin, Name einer Figur in diesem Buch)

(二)

玉　兰：杰克，到了我家，见了我父母，你得叫爸、叫妈。记住了吗？

杰　克：记住了。你说得很容易，可是我怎么开得了口？

玉　兰：怎么开不了口？你跟着我叫吧。

杰　克：好，记住了。

玉　兰：爸、妈，我们回来了。最近我们忙得很，现在才有空儿回来看你们。

玉兰爸：哦，回来了就好。我跟你妈正在商量给你们办结婚宴席的事儿呢。

玉　兰：爸，妈，我们已经结婚好几个月了，[4] 结婚宴席你们就别办了。再说……

玉兰爸：说什么咱们也得办。[5] 这不是在你们北京城里，这是农村。

杰　克：先生，您听我们慢慢地说……

玉兰爸：什么？“先生”？你叫我“先生”！

玉　兰：杰克，我是怎么跟你说的，你说记住了，怎么又忘了？叫“爸”，叫“爸”呀！老爸，杰克还不太习惯。说到我们俩结婚的事儿，[6] 现在得按新的办法办，您怎么还是老脑筋啊？[7]

玉兰妈：什么叫老脑筋？这是咱们的规矩。

【劝慰】
Jmd. trösten

杰　克：太太，您别生气……

玉兰妈：玉兰爸，你听，他叫我“太太”！

玉　兰：你得叫“妈”。妈，他还不懂我们的规矩。

玉兰妈：看得出来，他是不懂我们的规矩。你一个人跑到中国来，想怎么做就怎么做，你们村里的人谁也看不见。

玉　兰：妈，您这就不明白了，他不住在农村，他家在悉尼。

玉兰妈：哦，“在城里”。你们知道吗？结婚是一辈子的大事啊！什么都没有结婚重要！不请亲戚朋友和邻居吃饭，你们胡同的人不说你吗？[8]

杰　克：别说我们那条大“胡同”，连我住的那一座楼里，也没有人会批评我。跟您这么说吧，我们谁也不认识谁。

玉兰妈：可是我不能让村里人说我，说我女儿。

玉兰爸：我看就这么决定了：我们去饭馆里请两个好厨师，在家里摆十几桌宴席。除了亲戚朋友以外，把村里的人也请来，大家高高兴兴地喝几杯。

【决定】
Eine Entscheidung treffen

玉兰妈：对，就这样了。这事儿由我们来办，一定得热热闹闹地办。让大家也认识认识我们家的外国姑爷。

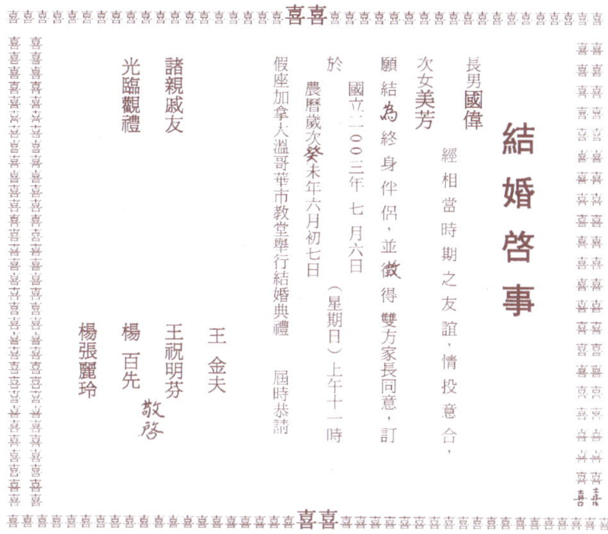
喜喜

結婚啓事

長男國偉 經相當時期之友誼，情投意合，
次女美芳 願結為終身伴侶，並徵得雙方家長同意，訂
於 國立二〇〇三年七月六日（星期日）上午十一時
農曆歲次癸未年六月初七日
假座加拿大溫哥華市教堂舉行結婚典禮 屆時恭請
諸親戚友
光臨觀禮

王金夫
王祝明芬
楊百先 敬啓
楊張麗玲

喜喜

生词 Neue Vokabeln

1. 开口	VO	kāikǒu	den Mund öffnen; zu sprechen beginnen (häufig über etwas, das peinlich ist) 没开口，难开口，开不了口，怎么开得了口
口	N	kǒu	Mund
2. 商量	V	shāngliang	besprechen, beraten 商量这件事，商量这个问题，跟他商量，两个人商量，大家商量
3. 俩	ZW	liǎ	(umgangssprachlich) zwei (Personen) 我们俩，他们俩，你们俩，咱俩
4. 脑筋	N	nǎojīn	Gehirn; Denkweise 脑筋好，动脑筋，老脑筋
5. 规矩	N	guīju	Regel; Gebräuche, Praktiken 懂规矩，不懂我们的规矩
6. 生气	VO	shēngqì	sich ärgern, wütend werden 别生气，她还在生气，生我的气

7. 大事	N	dàshì	wichtige Sache	国家大事，世界大事，一辈子的大事
8. 邻居	N	línjū	Nachbar	好邻居，我们家的邻居，请邻居吃饭
9. 胡同	N	hútòng	Gasse, *hutong*	北京的胡同，你们胡同，你们胡同的人，一条胡同
10. 批评	V	pīpíng	bemängeln, kritisieren	批评我，批评这件事
11. 决定	V	juédìng	beschließen, entscheiden	决定结婚，决定请客，决定去黄山旅游，决定出发的时间，就这么决定了
12. 厨师	N	chúshī	Koch	请两个好厨师
13. 姑爷	N	gūye	Schwiegersohn	新姑爷，我们家的姑爷，外国姑爷
14. 悉尼	EN	Xīní	Sydney	

补充生词 Zusätzliche Vokabeln

1. 庆祝	V	qìngzhù	feiern, feierlich begehen
2. 走马灯	N	zǒumǎdēng	Laterne mit beweglichen Papierschnitt-Figuren
灯	N	dēng	Laterne, Lampe
3. 对联	N	duìlián	Reimpaar auf Spruchbändern
上联	N	shànglián	das erste von zwei zusammengehörenden Spruchbändern
下联	N	xiàlián	das zweite von zwei zusammengehörenden Spruchbändern
4. 熄(灯)	V	xī(dēng)	das Licht ausmachen
5. 对	V	duì	entsprechen, übereinstimmen
6. 旗子	N	qízi	Fahne, Flagge

7. 虎	N	hǔ	Tiger
8. 飘扬	V	piāoyáng	flattern, wehen
9. 飞虎旗	N	fēihǔqí	Flagge mit weißem Tiger und blauem Himmel
10. 卷	V	juǎn	einrollen, aufwickeln
11. 藏	V	cáng	verbergen, verstecken
12. 中榜	VO	zhòngbǎng	der eigene Name erscheint in der Liste der erfolgreichen Kandidaten oder Bewerber
13. 宋代	EN	Sòngdài	Song-Dynastie
14. 王安石	EN	Wáng Ānshí	Wang Anshi (ein berühmter Staatsmann und Autor der Song-Dynastie)

二. 注释 Anmerkungen

① 婚礼热闹得很。

"Auf der Hochzeitsfeier ist viel Trubel."

Die Partikel "得" und das Adverb "很" stehen häufig hinter Adjektiven und Verben, die Geistestätigkeiten ausdrücken. "Adj/V+得很" zeigen einen hohen Grad an. Zum Beispiel

我们最近忙得很。

大家都高兴得很。

力波现在还想家吗？他说还想得很。

② 说到宴席，我们只请亲戚朋友在一起喝杯酒。

"Was das Hochzeitsbankett betrifft, so haben wir nur Freunde und Verwandte eingeladen mit uns zusammen ein Glas zu trinken."

"说到+NP/VP/S-PP" wird verwendet, um ein Thema einzuführen oder eine Meinung zu etwas zu äußern. Zum Beispiel

说到学习成绩，我认为小田是我们全班的第一。

说到在饭馆买单，我们喜欢 AA 制。

说到杰克怎么称呼玉兰的父母，由他自己决定吧。

③ 你等着你岳父、岳母教你吧。

"Warte, bis deine Schwiegereltern es dir erklären."

Ein verheirateter Mann nennt seine Schwiegereltern "岳父，岳母", eine verheiratete Frau nennt ihre "公公，婆婆". In der Umgangssprache nennen allerdings Mann und Frau die Schwiegereltern "爸爸，妈妈".

Andere Formen der Anrede sind ebenfalls in dieser Lektion vorgekommen. Zum Beispiel nennen Kinder die eigenen Eltern "老爸，老妈". "太太" ist die höfliche Anredeform für eine verheiratete Frau, normalerweise mit dem Familiennamen ihres Ehemannes, zum Beispiel "张太太","王太太". Wenn ein Mann über seine Ehefrau spricht, bezeichnet er seine Frau auch als "太太", nämlich "我太太". Diese Form der Anrede findet man häufig in Hong Kong, Macau, Taiwan oder bei Auslandschinesen. Auf dem Festland wird "太太" kaum noch verwendet (viele Frauen auf dem Festland verwenden nicht den Familiennamen ihres Mannes.) "姑爷" wird von der Familie der Frau zur Anrede des Ehemannes verwendet.

④ 我们已经结婚好几个月了。

"Wir sind schon einige Monate verheiratet."

Vor Zahlwort–Zähleinheitswort oder einer Zeitangabe verwendet, bedeutet "好几" "einige", "etliche", wie zum Beispiel 好几个，好几十，好几千，好几万，好几倍 und 好几年.

⑤ 说什么咱们也得办。

"Egal was, wir müssen es tun."

Wörtlich heißt es, was immer (du) sagst, wir müssen es tun."

⑥ 说到我们俩结婚的事儿……

"Was unsere Heirat betrifft..."

"俩" ist die umgangssprachliche Form für "两个", wie in 咱俩, 你们俩, 他们俩. Hinter "俩" kann kein Zähleinheitswort verwendet werden. Man kann nicht sagen: ⊗"他们俩个".

⑦ 您怎么还是老脑筋啊？

"Warum bist du so altmodisch?"

Hier bedeutet "老" alt, wie in 老房子, 老光盘, 老电影. 脑筋 (wörtlich Gehirn) meint jemandes Denkweise. "老脑筋" bedeutet altmodische Denkweise.

⑧ 你们胡同的人不说你吗？

"Würden die Leute in deiner Gasse dir nicht Vorwürfe machen?"

Im Peking-Dialekt bezeichnet "胡同" eine kleine, schmale Gasse. Das Verb "说" hat hier die Bedeutung "kritisieren, Vorwürfe machen", wie zum Beispiel in:

他今天又来晚了，我说他了。

三. 练习与运用 Übungen und Anwendung

Schlüsselsätze

1. 最近我们忙得很。
2. 说到宴席，我们只请亲戚朋友在一起喝杯酒。
3. 说到我们俩结婚的事儿，现在得按新的办法办。
4. 我们已经结婚好几个月了。
5. 我不能让村里人说我。

1. 熟读下列短语 Lesen Sie die folgenden Wortgruppen und prägen Sie sie sich ein

(1) 不算晚 不算高 不算是谦虚 不算是决定 不算是批评
算是很早 算是很大方 算是比赛 算是访问 算是检查

(2) 好得很 冷得很 安静得很 年轻得很 容易得很
喜欢得很 放心得很 担心得很 关心得很 习惯得很

(3) 说到他们俩　　说到中国画　　说到安静　　说到艰苦朴素
说到游览黄山　　说到贷款买汽车　　说到谁来埋单　　说到工作认真

(4) 好几万　　好几十万　　好几百万　　好几千万　　好几亿
好几天　　好几个星期　　好几个月　　好几十年　　好几个世纪
好几首诗　　好几篇课文　　好几百块钱　　好几十棵树　　好几千辆车

2. 句型替换 Substitutionsübungen

(1) 你们结婚，还得摆宴席吧？
是啊。说到摆宴席，我们只请亲戚朋友在一起喝杯酒。

上大学	参加考试	实在不容易啊
举行纪念活动	做好准备	我们买些东西就行了
去西藏旅游	事先检查一下身体	那两位八十多岁的老人有点儿担心

(2) 他们已经结婚了吗？
他们已经结婚好几个月了。

登记	好几个星期
回家	好几天
退休	好几年

(3) 他身体怎么样？
他身体好得很。

工作	辛苦
生活	节约
学习	困难
业余爱好	多

(4) 这是北京最小的胡同吧？
这还不是北京最小的胡同，那条胡同小多了。

你们家最好看的花儿	君子兰	好看
你们班最高的成绩	小谢的成绩	高
你们那儿最新的饭店	长安饭店	新

3. 课堂活动 Aktivitäten im Seminarraum

Ein Student verwendet “说到…” um ein Gesprächsthema einzuführen. Die anderen beteiligen sich am Gespräch und äußern ihre Meinung dazu. Zum Beispiel

A：说到贷款买汽车，

B：我认为小云的看法是对的，

C：小云的妈妈是老脑筋，

D：我是做不到的。

4. 会话练习 Dialogübungen

Idiomatische Wendungen im Gespräch
我想说的不是这个意思 (Das ist nicht, was ich sagen wollte.)
我是说 (Ich wollte sagen...)
怎么开得了口 (Wie kannst du so etwas sagen?)
我是怎么跟你说的 (Was habe ich dir gesagt?)
我看就这么定了 (Ich denke, wir sollten es so machen.)

[祝贺新婚 Dem Brautpaar gratulieren]

A：听说你们快要结婚了，什么时候请我们吃喜糖？

B：我们打算下个月旅行结婚。

A：祝你们新婚快乐，生活幸福!

B：谢谢!等我们旅行回来，还要请你们喝杯喜酒。

[澄清观点 Einen Standpunkt deutlich machen]

A：你是说这部电影故事不够复杂？

B：我不是这个意思。我是说演员演得太简单了，没有把主要角色的复杂关系演好。

A：你是不是认为演员是这部电影的主要问题？

B：演员还不算是主要问题。我的意思是导演（dǎoyǎn, Regisseur）水平不高。

[劝慰 Jemanden trösten]

A：什么？她说我是老脑筋，跟不上时代了？

B：她不是这个意思，您别生气。您听我慢慢说。

A：我不听。让她把话说清楚，是怎么回事儿。

B：她不了解这件事，所以，她说得很不合适。您不要为这件事生气。

[决定 Eine Entscheidung treffen]

A：听说你要回国了？

B：是啊。我家里有点儿事儿，我决定下星期就回国。

A：你参加不了考试了。你再好好地想一想吧。

B：下下星期才考试，我等不了那么长的时间。我一定要在15号以前到家。没有别的办法，就这么决定了。

A：好吧，就这样吧。

5. 看图说话 Beschreiben Sie das Bild

6. 交际练习 Konversationsübungen

(1) Beschreiben Sie die Hochzeitsbräuche in Ihrem Heimatland. Schreiben Sie danach das Gesagte auf.

(2) Schreiben Sie Ihrem Freund/Ihrer Freundin eine Hochzeitskarte.

四. 阅读和复述 Leseverständnis und Nacherzählung

奇特的红双喜字

中国人举行婚礼时,常用红纸写一个大"囍"字,贴在门上,表示庆祝。

传说这个红双喜字最早是宋代文学家王安石写出来的。王安石在去京城参加考试的路上,看见一家门口挂着一个很大的走马灯,上边写着一副对联的上联:"走马灯,灯走马,灯熄马停步。"希望有人能对出下联。王安石看完了就说:"这是一副很好的上联!"一位站在走马灯旁边的老人忙对他说:"先生,您请进!"王安石回答说:"对不起,我要去京城参加考试,现在没有时间。等回来的时候,我一定给您对出下联。"

考完试,王安石觉得自己考得很不错,心里很高兴。在回来的路上,他看见一面旗子,旗子上画着一只虎,在风中飘扬。他想,用飞虎旗去对走马灯,不是很好吗?他一边走一边念:

走马灯,灯走马,灯熄马停步。
飞虎旗,旗飞虎,旗卷虎藏身。

一会儿,王安石又来到了那家人的门前。那位老人看见他来了,就非常高兴地走上去说:"先生,您来了,请进,请进!"

王安石对老人说:"不用进去了,我已经对出来了。我的下联是:'飞虎旗,旗飞虎,旗卷虎藏身。'""太好了,太好了!有人对出来了!"那位老人一边大声地说着,一边跑进屋去告诉小姐。小姐听了,笑了笑。

老人又走出来问王安石:"先生,您结婚了没有?"

"还没有。"王安石说。

这时,老人才对王安石说:"上联是我们家小姐出的。如果哪位没有结婚的年轻人对上了,我们家小姐就嫁给他。您的下联对得很好,我们家小姐很高兴。现在,只要您愿意,您就是我们家的姑爷了。"王安石想,这位小姐一定读过很多书,就决定跟她结婚。

就在王安石举行婚礼的那天，他收到了中榜的通知。两件喜事一起到来，他高兴极了，就用一张红纸写了这么一个奇特的“囍”字，贴在门上。

后来，人们结婚的时候，都习惯在门上贴一个大红双喜字。

五. 语法 Grammatik

1. 几种补语 Arten von Komplementen

(1) 情态补语 Modalkomplement

你来得真早。

他做中国菜做得很好吃。

他汉字写得很漂亮。

汉语他说得不太流利。

他玩儿得很高兴。

他们忙得没有时间唱京剧。

外边安静得听不见一点儿声音。

他累得头疼。

(2) 程度补语 Gradkomplement

昨天热极了。

上海的东西比这儿便宜多了。

他最近忙得很。

(3) 结果补语 Ergebniskomplement

她戴上了那条围巾。

他们没有把礼物打开。

他没有找着火车票。

我记住了那位作家说的话。

(4) 可能补语 Komplement der Möglichkeit

他今天做得完这些练习。

我看不见那棵树。

他们听不懂上海话。

汽车开不进来。

这么多东西,他拿不上来。

小孩吃得了这么多水果吗?

车里坐不下这么多人。

我们搬得动这张大床。

2. 疑问代词活用 Verwendung von Fragepronomen

(1) 表示反问 Zur Bildung von rhetorischen Fragen

谁说他不去?

她哪儿有钱买车呢?

他什么没吃过,什么没见过?

他怎么没有来? 他来了。

(2) 表示虚指 Zum Ausdruck von Unbestimmtheit

你想喝点儿什么吗?

我不记得谁给你打过电话。

我好像在哪儿见过他。

(3) 表示任指 Zum Ausdruck eines generellen Bezugs

这么好的京剧,谁都想看。

他什么也不想吃。

她哪儿也不愿意去。

哪种方法都不行。

他怎么记也记不住。

Darüber hinaus werden Fragepronomen mit spezifischem Bezug in zusammengesetzten Sätzen verwendet:

我们楼里谁也不认识谁。

谁知道这个词的意思谁就回答。

你一个人想怎么做就怎么做。

你做什么我就吃什么。

哪儿好玩就去哪儿。

3. 副词“再”和“又” Die Adverbien “再” und “又”

副词“再” Das Adverb “再”

(1) 将要重复 Zum Ausdruck, dass eine Handlung in der Zukunft wiederholt werden wird

请再说一遍。

我们再聊一会儿吧。

他说他明天再来。

我以后不再去了。

(2) 表示动作将在某一时间或情况以后发生 Zum Ausdruck, dass eine Handlung zu einem bestimmten Zeitpunkt oder unter bestimmten Bedingungen stattfinden wird

我们先翻译生词,再复习课文。

吃完饭再走吧。

副词“又” Das Adverb “又”

(1) 已经重复 Zum Ausdruck, dass eine Handlung bereits wiederholt wurde

你上星期已经参观了一次,怎么今天又去参观了?

他昨天没有来,今天又没有来。

(2) 有所补充 Zur Ergänzung der vorangegangenen Handlung

我昨天去了商店,又看了电影。

他没有去上课,又没有好好复习,所以考得很不好。

(3) 同时存在的情况 Zur Anzeige zweier gleichzeitig existierender Zustände

他们又唱又跳。

这个姑娘又年轻又漂亮。

(4) 两件矛盾的事情或情况 Zum Ausdruck zweier gegensätzlicher Dinge oder Zustände

她很怕冷,又不愿意多穿衣服。

我很想跟你聊聊,可是又怕你没有时间。

六. 字与词 Chinesische Schriftzeichen und Wörter

区别多音多义字 Unterscheidung von Schriftzeichen mit verschiedenen Aus-sprachen und Bedeutungen

Elf Prozent der 3500 Schriftzeichen, die am häufigsten verwendet werden, haben verschiedene Aussprachen und Bedeutungen. Zum Beispiel hat "还" zwei Aussprachen. Als Adverb wird das Zeichen "hái" gelesen, wie in "还有，还想" als Verb wird es "huán" gelesen, wie in "还书，还贷款". "好" hat ebenfalls zwei Aussprachen, "hǎo" wie in "好书，好地方", und "hào" wie in "爱好". Besonders darauf zu achten ist, dass sich die Bedeutungen von Schriftzeichen mit unterschiedlichen Aussprachen unterscheiden.

Sie haben nun die Bände 1–3 des *Neuen Praktischen Chinesisch* abgeschlossen. Sie haben 1600 Vokabeleinheiten gelernt, von denen Sie 1300 zusammen mit 1000 Schriftzeichen und den Grammatikpunkten der 300 Schlüsselsätze beherrschen sollten. Sie können sich zu alltäglichen Themen und einigen gesellschaftlichen Fragen äußern und mit anderen kommunizieren. Mit Hilfe eines Wörterbuches sind Sie auch in der Lage einfache Texte zu lesen.

Herzlichen Glückwunsch zum erfolgreichen Abschluss der Anfängerstufe in Modernem Chinesisch.

Band 4 des *Neuen Praktischen Chinesisch* wird Sie nun in die Mittelstufe einführen.

第二十七课 Lektion 27

入鄉隨俗

(一)

服務員：幾位來點兒什麼？①

陸雨平：來一壺茶，再來一些點心。

服務員：好的，請稍等。

陸雨平：這就是我常說的老茶館。今天我把你們帶到茶館來，你們可以瞭解一下我們這兒的風俗。

馬大為：茶館裏人不少，真熱鬧。

林　娜：他們說話的聲音太大了。

服務員：茶—來—了！您幾位請慢用。②

馬大為：我們正在說聲音大，這位服務員的聲音更大。

王小雲：茶館就是最熱鬧的地方。有的人還把舞臺搬進茶館來了，在茶館裏唱戲，比這兒還熱鬧呢。

林　娜：我覺得，在公共場所說話的聲音應該小一點兒。來中國以後，我發現在不少飯館、商店或者車站，人們說話的聲音都很大。說實在的，我真有點兒不習慣。

王小雲：到茶館來的人都喜歡熱鬧。大家一邊喝茶，一邊聊天，聊得高興的時候，說話的聲音就會越來越大。喜歡安靜的人不會到茶館來。他們常常到別的地方去，比如去咖啡館。③

陸雨平：林娜說得對。在公共場所，有的人說話的聲音太大了。

王小雲：我想在這兒聊一會兒天，可是你們都覺得這兒太鬧。好，咱們走吧。前邊有一個公園，那兒人不多。咱們到那個公園去散散步。

馬大為：好的，咱們一邊散步，一邊聊天。

(二)

丁力波：我們把自己的看法說出來，你們會不高興嗎？

陸雨平：當然不會。我們常跟外國朋友在一起，知道不同國家的人有不同的習慣。對我們來說，這很正常。④

丁力波：不瞭解外國文化的人會怎麼想呢？

王小雲：有些事兒他們會覺得很不習慣，比如說，中國人吃飯用筷子，西方人吃飯用刀叉。西方人把食物放在自己的盤子裏，把大塊切成小塊，再把它送到嘴裏。如果手指上有點兒食物，就舔手指，有的中國人看了也很不習慣。

馬大為：用刀叉吃飯，把手指上的食物舔乾淨，那是我們的好習慣。力波，你說是不是？

丁力波：是啊。我們從小到大[5]都這樣做。

王小雲：可是在我們這兒，吃飯的時候舔手指不是好習慣。

陸雨平：我看應該"入鄉隨俗"。[6] 我們在國外的公共場所說話的聲音要小一點兒；你們到中國人家裏吃飯也不一定要舔手指。

丁力波：對，我就是"入鄉隨俗"：吃中餐的時候，我用筷子；吃西餐的時候，我用刀子、叉子。我覺得都很好。我爸爸媽媽他們也都是這樣。

王小雲：力波，把"入鄉隨俗"翻譯成英文，該怎麼說？

第二十八课 Lektion 28

禮輕情意重

(一)

陸雨平：今天是中秋節，[①] 中國人喜歡全家在一起過這個節日。今天，我們也一起過。

馬大為：謝謝你，雨平。今天我們可以瞭解一下中國人是怎麼過中秋節的。中秋節有春節那麼熱鬧嗎？

宋　華：中秋節雖然沒有春節熱鬧，但是它也是一個重要的節日。

王小雲：我們準備了中秋月餅、水果、茶、啤酒，咱們一邊吃月餅，一邊賞月，怎麼樣？

丁力波：好啊！對了，我們還有一些小禮物要送給你們。

陸雨平：我們也要送給你們一些小禮物。

宋　華：我先來吧。力波，這是我給你的小紀念品，希望你喜歡。

丁力波：啊，是毛筆，文房四寶之一，[②] 還是名牌的呢！[③] 這哪兒是小紀念品？這是一件大禮物。我要把它放在我的桌子上，每天都能看到它。

陸雨平：你不是喜歡中國書法嗎？用了名牌毛筆，你的字一定會寫得更好。

王小雲：林娜，我給你帶來了一件小禮物。你看看喜歡不喜歡。

林　娜：一條圍巾，是中國絲綢的！太漂亮了！

丁力波：漂亮的林娜，戴上這條漂亮的圍巾，就更漂亮了。

林　娜：是嗎？我哪兒有你說的那麼漂亮？小雲，真謝謝你！對我來說，這是最好的禮物。

陸雨平：我沒有更好的禮物送給大為，我知道他喜歡中國音樂，就送他一套音樂光碟。

馬大為：你們看，我收到的禮物最好了，一套音樂光碟，是中國民樂！謝謝。

陸雨平：不客氣，一點兒小意思。[④]

丁力波：該我們了吧？我們也有一些禮物送給你們，這是給宋華的。

宋　華：謝謝！

馬大為：雨平，這是給你的。

陸雨平：非常感謝！

林　娜：小雲，看看我給你的禮物。

王小雲：謝謝你！

宋　華：大家都送完禮物了，我看，咱們該吃月餅了！

陸雨平：祝大家中秋快樂！乾杯！

大　家：乾杯！

王小雲：快來看，月亮上來了。今天的月亮多美啊！

(二)

馬大為：我們第一次過中國的中秋節，又收到了那麼好的禮物，大家都很高興。不過，我有個問題想問問你。⑤

宋　華：什麼問題？

馬大為：我們收到禮物，就馬上把它打開，看看是什麼。你們拿到禮物以後，只看看外邊，不打開，好像沒有我們那麼想知道裏邊是什麼。這是為什麼？

宋　華：我先問你，收到禮物的時候，你們為什麼要馬上打開看呢？

馬大為：我們把禮物打開看，稱讚禮物，表示感謝，這是尊重送禮物的人。當然，也希望自己能得到一種驚喜。你們的習慣我就不懂了，你們不喜歡別人給你們禮物嗎？

王小雲：當然不是。朋友送的禮物怎麼會不喜歡呢？我們收到朋友的禮物，一般不馬上打開看，這也是尊重送禮物的人。我們覺得送什麼禮物不重要。人們常說禮輕情意重，重要的是友誼。

馬大為：是這樣！⑥ 說真的，那天你們沒有打開，我們還有點兒擔心呢。

王小雲：擔心什麼？

馬大為：擔心你們不喜歡我們的禮物。

宋　華：你說到哪兒去了。⑦ 你們送的禮物都很好。比如說，丁力波送的加拿大糖，不是很有特色嗎？我們都很喜歡。

丁力波：你們都很喜歡，我太高興了。

第二十九课 Lektion 29

請多提意見

(一)

張教授：你們來了！歡迎，歡迎！快請進。

林　娜：張教授，這是給您的花兒。

張教授：謝謝。你們太客氣了。請坐，喝點兒什麼？

林　娜：喝茶吧。您的書房很有特色：牆上掛著中國字畫，書架上放著這麼多古書，桌上放著文房四寶，外邊還整整齊齊地擺著這麼多花兒，還有盆景呢。這些花兒真漂亮，都是您種的嗎？

張教授：不，都是買的。不過它們在我這兒長得越來越好，現在也開花了。

丁力波：這叫君子蘭吧？長長的綠葉，紅紅的花，真好看。

張教授：是叫君子蘭。[①] 這種花很好養，[②] 開花的時間也比較長。

林　娜：養花真有意思。我明天下了課就去買盆花，[③] 擺在宿舍裏。我也有花兒養了。

馬大為：養花是有意思，可是你能養好嗎？

林　娜：當然能養好！我看，養花沒有學漢語那麼難吧。

張教授：養花是不太難。不過，要把花養好，那就不容易了。人們常說"姑娘愛花"，林娜喜歡養花，我想她一定能養好。

林　娜：謝謝，張教授，我也是這樣想的。

丁力波：這些盆景都是您自己的作品吧？

張教授：是的。工作累的時候，我就到外邊去澆澆花，把這些盆景修整修整。這是很好的休息。

丁力波：盆景是一種藝術，聽說，種盆景很不容易。張教授，您還真是一位園藝師呢！

張教授：我哪兒是園藝師？這只是一點兒愛好。

(二)

丁力波：張教授，我很喜歡中國書法，也跟老師學過，可是進步不快。我不知道該怎麼辦？

張教授：學習書法要多看、多練。人們常說，如果你每天都認認真真地練，不用一百天，就能把漢字寫得很漂亮。當然，要把漢字寫成書法藝術作品，還要更多地練習。

丁力波：張教授，我想請您給我寫一幅字，不知道行不行？

張教授：我的字很一般，你應該多看書法家的字。

丁力波：我知道您的書法很有名。這幅字能給我嗎？

張教授：這幅字被我寫壞了。我今天剛寫了一幅，你看上邊寫著什麼？

丁力波："弟子不必不如師，師不必賢于弟子"。④ 張教授，請問，這個句子是什麼意思？

張教授：這是唐代一位文學家說過的話，意思是，學生不一定不如老師，老師也不一定比學生高明。老師和學生應該互相學習。

丁力波：謝謝您，張教授。這幅字很有意思，我要把它掛在我宿舍的牆上。

張教授：對了，這是我剛寫的一本書，送給你們，每人一本。我已經把你們的名字寫上了，請多提意見。⑤

馬大為：是《漢字書法藝術》，謝謝您。張教授，您太謙虛了。您是老師，我們才學了這麼一點兒中文，怎麼能提出意見呢？

張教授：那位唐代文學家是怎麼說的？"弟子不必不如師，師不必賢于弟子"。

第三十课 Lektion 30

他們是練太極劍的

(一)

丁力波：現在八點半了，街上還這麼熱鬧。

宋　華：這兒的人吃完晚飯都喜歡出來活動活動。你看，人們又唱又跳，玩兒得真高興。

馬大為：那兒來了很多人，一邊跳舞，一邊還敲鑼打鼓。他們在跳什麼舞？

宋　華：他們在扭秧歌呢。

馬大為：扭秧歌？我聽說過。

宋　華：這是中國北方的一種民間舞蹈，叫做秧歌舞。秧歌舞的動作又簡單又好看，小孩兒、大姑娘、小夥子、老人都可以跳。對老人來說，現在扭秧歌已經是一種鍛煉身體的活動了。他們很喜歡扭，常常扭得全身出汗。

馬大為：我看，這種舞很好跳，我也能很快地學會。我跟他們一起扭，可以嗎？

宋　華：當然可以。

馬大為：不行，我還得先把動作練一練，要不，大家就都看我一個人扭了。① 前邊又走過來了不少老人，他們手裏都拿著什麼？

宋　華：他們是練太極劍的，手裏拿的是劍。太極劍也是一種中國武術，練太極劍可以很好地鍛煉身體。我媽媽以前常常生病，不能工作，後來，她就練太極劍。② 練了兩年，她身體好了，現在可以上班了。力波，你不是每天早上都學太極拳嗎？現在你學得怎麼樣了？

丁力波：現在我已經會打太極拳了。最近，又開始學太極劍。我覺得打太極拳、練太極劍對身體是很好。

宋　華：太極劍的動作非常優美，練太極劍就沒有扭秧歌那麼容易了。

馬大為：你們看，街心花園那兒圍著很多人。那兒安靜得沒有一點兒聲音，他們在做什麼呢？咱們過去看看。

(二)

丁力波：他們在下棋呢。宋華，你喜歡下棋嗎？

宋　華：喜歡。我也喜歡看別人下棋。我覺得看別人下比自己下更有意思。有的時候我看得忘了吃飯。

馬大為：所以那些站在旁邊的人也是在看下棋？

宋　華：是啊，常常兩個人下棋，很多人圍著看。看的人和下的人也可能互相不認識。

馬大為：這很有意思。

丁力波：東邊的立交橋下還有很多人呢。你聽見了嗎？那是唱京劇的。

馬大為：京劇團怎麼到這兒來唱呢？

宋　華：他們不是京劇團的，他們是這個小區的京劇愛好者，也都是些老人。以前他們工作的時候，忙得沒有時間唱。現在他們人退休了，休閒的時間也多了，晚上就來這兒高高興興地唱一唱。因為愛好一樣，不認識的人也都成了朋友。一般地說，到這兒來唱的人水平都還可以，喜歡聽京劇的就圍過來聽。他們聽得高興的時候，也可以叫"好"！這也是他們的一種休閒方式。

馬大為：真有意思。我發現這兒老人的休閒活動有很多特點。簡單地說，第一，他們非常注意鍛煉身體；第二，最重要的是，他們喜歡很多人在一起活動；第三，有的人做，有的人看，可能互相不認識，可是大家都玩兒得很高興。

宋　華：你說得很對。當然，這兒老人的休閒方式還很多。早上有做操的，有跑步的，有爬山的，有游泳的，也有帶著自己的小狗散步的，還有在家練書法的、養花的。③

馬大為：年輕人呢？

宋　華：年輕人的休閒活動就更多了。你看，街對面的網吧門口，進進出出的都是年輕人，④ 旁邊的舞廳裏又出來了兩個小夥子。

第三十一课 Lektion 31

中國人叫她"母親河"

(一)

林　娜：宋華，學校讓我和力波參加"中國通知識大賽"。我們雖然來中國一年多了，可是對中國的地理知識還瞭解得不太多。現在只有一個多月的時間準備了，我們著急得吃不下飯，睡不好覺。①

宋　華：一共有多少人參加這次比賽？

丁力波：聽說有二十幾個人。

宋　華：不用著急。你們只要認真準備，就一定會得到好的成績。

丁力波：你幫我們準備一下，好嗎？

宋　華：好啊。我先問你們一個問題：中國很大，她有多大呢？

丁力波：中國的面積有九百六十萬平方公里，② 從東到西，有五千多公里，從南到北，有五千五百多公里，是世界第三大国家。

林　娜：對。俄羅斯最大。中國比美國大一點兒，比加拿大小一點兒。

宋　華：中國的人口有多少？

丁力波：中國的人口，包括大陸、臺灣、香港和澳門，一共有十二億九千多萬人。③ 中國是世界上人口最多的國家。

宋　華：回答正確。下一個問題：世界上最高的地方在哪兒？

林　娜：在中國的西藏。

宋　華：世界上最高的山峰叫什麼？她有多高？

丁力波：世界上最高的山峰叫珠穆朗瑪峰，她有 8800 多米高。

宋　華：中國最長的河是不是黃河？

林　娜：不是。中國第一大河是長江，有 6300 多公里長。它也是世界第三大河。黃河是中國第二大河，有 5400 多公里長。

宋　華：中國人為什麼叫黃河母親河？

丁力波：黃河是中華民族的搖籃，所以中國人叫她"母親河"。④

(二)

宋　華：大為，剛才有人給你打電話了。

馬大為：那可能是我的一個朋友打來的。要放長假了，有幾個朋友想去旅遊，可是還沒有決定去哪兒。

宋　華：中國的名勝古跡太多了，有名的少說也有五六百個。⑤ 只要你喜歡旅遊，每個假期都有地方去。

馬大為：先去哪兒呢？我已經去過兩三個地方了，比如海南島、西安。對了，還有泰山。

宋　華：你喜歡遊名勝古跡，還是喜歡看自然景色？

馬大為：都喜歡。我特別喜歡爬山，爬又高又美的山。

宋　華：好啊。去爬珠穆朗瑪峰吧，那是全世界最高的山。

馬大為：那座山高了點兒，我的身體差了點兒，時間也少了點兒。

宋　華：黃山你還沒有去過吧？

馬大為：還沒去過。黃山怎麼樣？

宋　華：那兒的景色是世界有名的。早在 1200 多年以前，黃山就已經是中國的名勝了。⑥ 你在那兒可以看到，從早到晚景色在不停地變化著。而且不同的人看，感覺也不一樣。它最美的景色是白雲、松樹和山峰。你從山上往下看，白雲就像大海一樣，⑦ 人們叫它“雲海”。黃山的松樹和山峰也都很有特色。很多山峰樣子都非常奇怪，所以叫做“奇峰”，松樹就長在這些奇峰上。雲海、松樹和奇峰在一起真是美極了！不但中國人喜歡游黃山，而且外國朋友也常去那兒。

馬大為：黃山有一棵樹叫做“迎客松”吧？

宋　華：對！那棵古松有 1000 多歲了，它每天都在熱情地歡迎游黃山的朋友們。

馬大為：好，下星期我就去黃山旅遊。

第三十二课 Lektion 32 (复习 Wiederholung)

這樣的問題現在也不能問了

(一)

馬大為：請問，從這條小路能上山頂嗎？

小夥子：我想可以。我也要上去，咱們一起往上爬吧。

馬大為：好啊！

小夥子：您第一次遊覽黃山吧？您怎麼稱呼？①

馬大為：我叫馬大為。

小夥子：太巧了，我也姓馬，你叫我小馬吧。② 我看你的歲數跟我的差不多，③ 可能大一點兒。你今年有二十五六了吧？

馬大為：你就叫我老馬。

小夥子：你在哪兒工作？

馬大為：我還在讀書呢。④

小夥子：哦，你是留學生。你漢語說得真棒！

馬大為：很一般。

小夥子：我見過幾位老外，他們漢語說得沒有你好，你說得最好。你們來中國留學，父母還得給你們很多錢吧？

馬大為：不一定。

小夥子：那你得一邊學習一邊掙錢了？結婚了沒有？

馬大為：你累不累？我又熱又累，咱們喝點兒水吧。我說小馬，你在哪兒工作？

小夥子：我在一家網路公司工作。

馬大為：哦，你是搞網路的，工資一定很高吧？

小夥子：不算太高。⑤

馬大為：我想只要在高新技術企業工作，收入就不會低。

小夥子：那也得看公司和個人的情況。⑥

馬大為：你們公司怎麼樣？

小夥子：還行吧。⑦

馬大為：你的收入一定不低了？

小夥子：我去年才開始工作，收入還湊合。

馬大為："還湊合"是什麼意思？

小夥子：就是"馬馬虎虎"的意思。

馬大為：啊！你看，那邊圍著很多人，那不是"迎客松"嗎？

小夥子：是，就是那棵"迎客松"。大家都在那兒照相呢，咱們也去照張相吧。

馬大為：好啊！

(二)

宋　華：這次旅遊怎麼樣？

馬大為：好極了，黃山的名勝古跡我差不多都欣賞了。美麗的黃山真是名不虛傳。

宋　華："名不虛傳"用得真地道。

馬大為：這是跟一起旅行的中國朋友學的。不過，聊天的時候，幾個中國朋友把我圍在中間，問了很多問題，問得我沒辦法回答。

宋　華：他們問了你一些什麼問題？

馬大為：差不多把個人的隱私都問到了，比如，問我多大、家裏有幾口人、每月掙多少錢、結婚沒有、有沒有住房什麼的。[8]對了，還問我的背包是多少錢買的。

宋　華：這是關心你嘛！

馬大為：可是我們認為這些都是個人的隱私。別人願意說，你可以聽著；如果別人不想說，這些問題就不能問。

宋　華：對這些問題，我們的看法是不太一樣。我們認為，問這些只表示友好和關心。

馬大為：我拿多少工資是我自己的事兒，他為什麼要知道？我被他們問得不知道該怎麼辦，這哪兒是關心？

宋　華：問問題的小夥子可能很少見到外國人，他有點兒好奇，就問得多一些。你知道嗎？中國人以前收入都不太高，收入當然是最重要的一件事兒。所以互相問工資是表示關心。

馬大為：哦，是這樣。可是，我問那個小夥子每月掙多少錢，他也不願意把他的工資收入清清楚楚地告訴我。

宋　華：可以說以前這不是隱私，可是現在是了，這樣的問題現在也不能問了。不過，這也是向西方文化學的。

馬大為：你們學得真快。宋華，今天我也想關心你一下：你爸爸、媽媽每月有多少工資，你能告訴我嗎？

宋　華：可以。"比上不足，比下有餘"，夠花了。[9]

第三十三课 Lektion 33

保護環境就是保護我們自己

(一)

陸雨平：好，靈山到了。

王小雲：車還上得去嗎？

陸雨平：上不去了，請下車吧！你們先往山上走。我把車停好，馬上就來。

林　娜：這兒空氣真好。

陸雨平：林娜、小雲，山很高，你們爬得上去嗎？

王小雲：沒問題，我們一步一步地往上爬吧。

宋　華：你們可能不知道，靈山是北京最高的地方。有位女科學家發現，這兒的自然環境跟西藏高原差不多。

林　娜：好啊，今天我們來參觀靈山的藏趣園，就可以欣賞一下西藏的高原景色了。

馬大為：藏趣園是不是國家公園？

王小雲：不是。藏趣園是那位女科學家建立的一個植物園，年年都有很多中小學生來這兒過夏令營。[1] 學生們在這樣的環境裏，既能欣賞自然景色，又能接受保護環境的教育。

丁力波：這個好主意是怎麼想出來的？

王小雲：那位女科學家在西藏工作了 18 年。1996 年，她退休了，想在北京找一個地方繼續她的科學研究。因為靈山的自然條件很像西藏高原，她就把西藏的一些植物移植到這兒來。她還蓋了一個在西藏住過的那種小木屋。你看見了嗎？小木屋就在前邊！

林　娜：在哪兒呢？我怎麼看不見？哦，是不是那棵大樹旁邊的屋子？

王小雲：對。網上有一篇文章叫《小木屋》，你讀過嗎？那就是寫這位女科學家的。

林　娜：沒讀過。我現在還看不懂中文網上的長文章。

(二)

陸雨平：今天的報紙來了，我寫的植樹節的消息登出來了。[2]

王小雲：我看看。那天很多人都去郊區植樹，一些外國人也參加了。

陸雨平：現在人人都關心北京的綠化，[3] 因為保護環境是非常重要的事兒。

林　娜：我最擔心空氣污染。還有，聽說沙漠正一年一年地向北京靠近，最近的地方離北京還不到 100 公里。[4] 這真是個大問題啊。

馬大為：北京市正在努力解決空氣污染的問題。我們也感覺得出來，現在這兒的空氣比我們剛來的時候好多了。

陸雨平：看得出來，你們也很關心北京的環保問題。現在，種樹是保護環境的重要辦法之一。北京有不少種紀念樹的活動，比如說，種結婚紀念樹、生日紀念樹、全家紀念樹什麼的。大家不但要把樹種上，而且棵棵都要種活。我的這篇文章就是寫一位非洲外交官參加種樹的事兒。這位外交官很喜歡北京，植樹節那天，他帶著全家人種了一棵“友誼樹”。在北京的外交官們都喜歡一家一家地去參加這種活動。

林　娜：你們來看，這幾張照片是大為拍的。這張照片上是一位老人和他的小孫子在種樹。一棵一棵的小樹排得多整齊啊！天上的白雲也照上了，照得真美！

王小雲：張張照片都拍得很好。想不到，大為照相的技術還真不錯。

林　娜：你知道嗎，大為的作品還參加過展覽呢。

陸雨平：這些照片確實很好，應該在報上登出來，讓更多的人知道種樹多麼重要。

林　娜：北京既是中國的首都，又是世界有名的大都市。保護北京的環境，跟每個在北京生活的人都有關係。⑤

馬大為：你說得很對。保護環境就是保護我們自己。

第三十四课 Lektion 34

神女峰的傳說

(一)

小燕子：大為，吃飯了。

馬大為：我站起來就頭暈，不想吃。再說，船上的菜個個都辣，[①] 我可吃不下去。[②]

小燕子：前幾天，四川菜你吃得很高興啊！而且，你還講過一個故事：有三個人比賽吃辣的，一個是四川人，他說不怕辣，一個是湖北人，他說辣不怕，一個是湖南人，他說怕不辣。你說你是怕不辣的，今天怎麼又說四川菜太辣？[③] 是不是暈船啊？

馬大為：不知道。

小燕子：喝點兒可樂吧。

馬大為：這可樂的味兒也不對了。好像也有辣味兒了，跟我在美國喝的不一樣。

小燕子：可樂哪兒來的辣味兒？

馬大為：我不想喝。這兒連空氣都有辣味兒，我覺得全身都不舒服。

小燕子：暈船的藥你吃了沒有？[④]

馬大為：暈船的藥我帶來了，可是沒找著。我不記得放在哪兒了。

小燕子：沒關係，我到醫務室去，給你要點兒。

馬大為：謝謝。

…………

小燕子：暈船藥要來了。你把它吃下去，一會兒就好了。

馬大為：剛才我睡著了。船開到哪兒了？好像停住了。外邊安靜得聽不見一點兒聲音。我想出去看看。

小燕子：你可別出去。颳風了，外邊有點兒涼。你應該吃點兒什麼。

馬大為：我頭暈好點兒了。不過，還不想吃東西，就想睡覺。

小燕子：那你就再睡一會兒吧。快到三峽的時候，我一定叫你。

(二)

小燕子：快起來，我們去看日出。

馬大為：你先去吧。我把咖啡喝了就去。

小燕子：你今天好點兒了吧？昨天還沒有到神女峰呢，就被神女迷住了，暈得連可樂也不想喝了。

馬大為：別提了，昨天我是暈了。[⑤] 既有美麗的神女，又有從早到晚為我忙的小燕子，你們把我迷住了。

小燕子：你又來了。[⑥]

馬大為：三峽實在是太美了！李白的一首詩我記住了兩句："兩岸猿聲啼不住，輕舟已過萬重山。"

小燕子：我看應該說，"大為頭暈止不住，遊船已過萬重山"。

馬大為：小燕子，你又開玩笑了。我們一起來欣賞三峽景色吧。

小燕子：三峽有很多傳說，最感人的是神女峰的傳說。

馬大為：你說說。

小燕子：神女峰是三峽最有名、最美的山峰。很久很久以前，西王母讓她美麗的女兒來三峽，為來往的大船小船指路。⑦ 她日日夜夜地站在那兒，後來就成了神女峰。

馬大為：三峽的景色真像是一幅中國山水畫。坐船遊三峽，真是"船在水中走，人在畫中游"。

小燕子：過幾年你再來遊覽三峽，還會看到新的景色，那就是世界第一大壩——三峽大壩。

第三十五课 Lektion 35

汽車我先開著

(一)

王小雲：媽，開始工作以後，我就要買汽車。

母　親：什麼？你現在還沒開始工作，就想買汽車？真不知道你每天都在想些什麼？

王小雲：這跟工作沒關係。

母　親：怎麼沒關係？年輕人騎著自行車上班，不是挺好的嗎？既鍛煉了身體，又節約了錢。你爸爸一輩子都這樣。為什麼你就不能向你爸爸學習呢？

王小雲：都21世紀了，還騎自行車上班！① 自己開車多方便，我想去哪兒就去哪兒！再說，開車最少比騎車快一倍，可以節約二分之一的時間。您知道嗎？時間就是生命，時間就是金錢。

母　親：就是21世紀，生活也得艱苦樸素，也得勤儉過日子。

王小雲：大家都艱苦樸素，國家生產的汽車怎麼辦？都讓它們在那兒擺著？經濟怎麼發展？

母　親：買汽車是有錢人的事兒。② 我和你爸爸都沒錢，你什麼時候掙夠了錢，什麼時候再買汽車。

王小雲：您別管，我自己會想辦法。

母　親：你還能想出什麼辦法來？告訴你，你可別想著我們的那點兒錢啊。那是我和你爸爸一輩子的積蓄。

王小雲：您放心吧，您的錢我一分也不要。我想好了，等我工作以後，我就去向銀行貸款。③

母　親：貸款買車？你瘋了！

王小雲：媽，現在貸款買車的人越來越多了。

(二)

母　親：貸款不就是借債嗎？你為買車借債？這就是你想的好辦法？

王小雲：對啊！

母　親：我告訴你，不行！絕對不行！

王小雲：為什麼不行呢？

母　親：我這輩子一次債都沒有借過。就是過去困難的時候沒錢買米，我也不借債。你不能給我丟人。④

王小雲：我向銀行貸款，按時還錢，這怎麼是丟人呢？

母　親：你都借錢過日子了，還不丟人？再說，銀行怎麼會借給你錢？

王小雲：這您就不瞭解了。您以為誰想借銀行的錢誰就能借到？銀行的錢只借給兩種人……

母　親：哪兩種人？

王小雲：一種是有錢人……

母　親：你說什麼？有錢人還借債？

王小雲：對。另一種是有信用的人。

母　親：你不能算第一種人吧？

王小雲：對，我不是第一種人，可我是第二種人。[⑤]

母　親：你有"信用"？你的"信用"在哪兒？

王小雲：您聽我說，我工作以後，有了穩定的收入，這就開始有了信用。我先付車款的十分之一或者五分之一，其餘的向銀行貸款。汽車我先開著，貸款我慢慢地還著。每年還百分之十或二十，幾年以後，我把錢還完了，車就是我的了。我先借了錢，又按時還了錢，我的信用也就越來越高了。那時候，我又該換新車了。我再向銀行借更多的錢，買更好的車。我不但要借錢買車，而且還要借錢買房子，借錢去旅遊，借錢……

母　親：這叫提高信用啊？我看，你在說夢話。

王小雲：您不知道。在商品經濟時代，信用就是這樣建立的。跟您這麼說吧，一輩子不借錢的人……

母　親：我認為他最有信用！

王小雲：不對。他一點兒"信用"也沒有！媽，您老的觀念跟不上時代了，[⑥]得變一變了。您要學會花明天的錢，實現今天的夢。這對國家、對個人都有好處。

母　親：你愛怎麼做就怎麼做，我不管。讓我借債來享受生活，我做不到。

第三十六课 Lektion 36

北京熱起來了

(一)

馬大為：小燕子，我有個朋友要來中國旅遊，他問我，什麼季節來比較好。中國這麼大，氣候一定很複雜吧？

小燕子：沒錯兒。從熱帶到寒帶，各種氣候中國差不多都有。①

馬大為：北京的氣候有什麼特點？

小燕子：一年有春、夏、秋、冬四個季節，非常清楚。

馬大為：可是我覺得這兒只有冬天，好像沒有春天。

小燕子：北京有春天。應該說：這兒的春天很短，冬天很長。

馬大為：3 月房子裏的暖氣還沒停，現在都 4 月了，氣溫才 11 度，我還穿著羽絨服呢。

小燕子：是啊！從 11 月到第二年 4 月，北京天氣都很冷，常常颳大風，有時候還下雪。三四月南方各種花都開了，可是北京還比較冷，有時候人們還得穿著冬天的衣服。

馬大為：就是。你看我就穿得這麼多，連路也走不動了。

小燕子：可是北京一到 5 月，天氣就熱起來了。姑娘們也開始穿裙子過夏天了。

馬大為：我很喜歡北京的夏天。當然，最好秋天來北京旅遊。②

小燕子：對，秋天是北京最好的季節，天氣很涼快，不颳風，不下雨，不冷也不熱，非常舒服。你朋友秋天來得了嗎？

馬大為：我想他來得了，不過還得問問他。

小燕子：除了秋天以外，別的季節也可以來中國旅遊。因為各個地方的特點不同，一年四季都有很好的旅遊路線。比如春天可以欣賞江南山水，秋天可以遊覽內蒙草原，夏天去東北，冬天到海南島。我這兒有一些旅遊介紹，你可以寄給他。

馬大為：太好了！我一回去就給他打電話，讓他秋天來。就是秋天來不了，也沒關係，還可以有很多別的選擇。

小燕子：對，什麼時候能來就什麼時候來，想去哪兒就去哪兒。

(二)

丁力波：小雲，你在讀什麼書呢？

王小雲：《唐詩選》③，以前我現代詩看得比較多，現在我也喜歡起古詩來了，特別是唐詩。

丁力波：唐詩在中國文學史上非常重要，是不是？

王小雲：是啊，像李白、杜甫都是中國最偉大的詩人。④

丁力波：他們跟莎士比亞一樣有名吧？

王小雲：沒錯兒，他們都是世界有名的詩人。不過，他們比莎士比亞的歲數可大多了。

丁力波：莎士比亞是四百多年以前的人啊。

王小雲：李白如果活著，該有一千三百多歲了。

丁力波：比莎士比亞早那麼多！中國文學的歷史真長。這些古詩我們現在恐怕還讀不了。我記得小時候，我媽媽教過我一首李白的詩。

王小雲：哪一首詩，你還背得出來嗎？

丁力波：我試試。

床前明月光，
疑是地上霜。
舉頭望明月，
低頭思故鄉。

王小雲：你唐詩記得很熟啊！

丁力波：謝謝。可是除了這首詩以外，別的詩我都背不出來了。

王小雲：你是不是想媽媽了？

丁力波：是，昨天我收到了媽媽的信。信寫得很長，一共三頁。

王小雲：杜甫說過“家書抵萬金”。“書”是“信”的意思，家裏來的信是很珍貴的。

丁力波：“家書抵萬金”，多麼好的詩啊！我要給媽媽回一封長信，我有好多話想對她說。

王小雲：恐怕五頁也寫不下吧？

第三十七课 Lektion 37

誰來埋單

(一)

林　娜：小雲、力波、宋華，你們今天晚上都有空兒嗎？咱們到外邊吃晚飯去。①

王小雲：好啊，我們都去，人越多越熱鬧。去哪家飯館呢？

宋　華：去哪家都行。

丁力波：對，只要不是學校餐廳的菜，我什麼都想吃。咱們走吧。

…… ……

林　娜：大為，你再來一點兒。

馬大為：今天的菜味道好極了，我吃得太多，實在吃不下了。

林　娜：大家都吃好了吧，服務員，埋單。②

服務員：好，這是账單。

宋　華：把账單給我。

王小雲：我來付。

服務員：謝謝，您這是二百，請稍等。

林　娜：怎麼回事兒？③ 我請你們吃晚飯，你們怎麼都搶著埋單？你們還比我動作快！

王小雲：誰埋單都一樣。

林　娜：今天是我約大家來的，就該由我付錢。④

王小雲：你就下回再付吧。

丁力波：我怎麼也不明白，為什麼你們人人都要埋單？好吧，咱們就AA制吧。⑤

王小雲：不行，這次我來，下次再AA制。

林　娜：為什麼？小雲，我請客，你埋單，這不成了笑話了嗎？

宋　華：你要聽笑話，我可以給你們講一個。有人說，要是看見很多人在球場上搶一個橄欖球，那可能是美國人；要是看見很多人在飯館裏搶一張紙，那就很可能是中國人。

丁力波：為什麼中國人喜歡這樣做呢？

宋　華：我們跟朋友在一起的時候，一般不希望給別人添麻煩，都願意自己多拿出一些。當然有的人也可能是想表示自己大方。所以，如果幾個中國人一起在飯館吃飯，事先沒有說清楚由誰請客，最後大家就會搶著埋單。你們看，對面的那幾位搶得比我們還熱鬧呢。

(二)

宋　華：你們喜歡吃羊肉嗎？

馬大為：喜歡。上星期六，我們班同學跟陳老師一起去內蒙草原旅遊，還吃了烤全羊呢！

宋　華：烤全羊？你們幾個人吃得了嗎？

馬大為：吃得了。我們班的同學除了林娜以外都去了。包括陳老師，一共 16 個人呢。

丁力波：我們是按蒙族的習慣吃的。⑥ 大家一坐好，兩個蒙族姑娘就抬出了烤好的羊。還有兩個姑娘，一個舉著酒杯，一個拿著酒壺，慢慢地向我們走過來。她們站在我們的桌子前邊，唱起蒙族民歌來。

宋　華：有意思，說下去。

丁力波：這時候，飯店的經理向大家表示歡迎。他說："歡迎各國朋友來我們內蒙草原旅遊。今天晚上，請大家按蒙族的習慣吃烤全羊。首先，由我們這四位姑娘向你們敬酒，請你們中間歲數最大、最受尊敬的人喝第一杯酒，吃第一塊烤羊肉。"

宋　華：誰喝了第一杯酒？

馬大為：當然是陳老師，她比我們歲數大。

丁力波：四位姑娘唱著蒙族民歌，向陳老師敬酒。然後，請陳老師吃第一塊羊肉。

馬大為：陳老師吃了羊肉以後，四位姑娘又接著唱下去，⑦ 給我們每個人敬酒、敬烤羊肉。我們也跟著唱起來。大家越唱越高興，這個晚上過得非常愉快。

宋　華：你們吃過內蒙的烤全羊了，下個星期六，我請大家吃地道的新疆烤羊肉。

第三十八课(复习) Lektion 38 (Wiederholung)

你聽，他叫我"太太"

(一)

傑　克：大為、小燕子，告訴你們一個好消息——我結婚了！玉蘭嫁給我了！

小燕子：等一等，你結婚了？你們是什麼時候結婚的？我們怎麼都不知道？

傑　克：我結婚，我自己知道就行了。再說，我們是旅行結婚，一回來就告訴你們，不算晚吧？

小燕子：祝賀你們新婚愉快，生活幸福。

傑　克：謝謝。

小燕子：你只讓我們知道還不行，還得……

傑　克：對，我們早就去政府登記了，也拿到了結婚證。

小燕子：我想說的不是這個意思。

傑　克：那是什麼意思？

小燕子：我是說，你還得請客。

傑　克：那當然。這是我們的喜糖，來，請吃糖。

小燕子：喜糖我們收下了，但這還不算是請客。

馬大為：傑克，按中國人的習慣，結婚要舉行婚禮。牆上、門上要貼紅雙喜字，新娘要坐花轎，還要擺宴席，請很多客人來。婚禮熱鬧得很。①

傑　克：要舉行婚禮，我明白。我們西方人一般是在教堂舉行婚禮。說到宴席，我們只請親戚朋友在一起喝杯酒，② 唱唱歌，跳跳舞，高興高興。除了特別有錢的人以外，一般都不擺宴席。

小燕子：我表姐的家在農村，結婚宴席可不只是喝杯酒。

傑　克：還有什麼？

小燕子：你等著你岳父、岳母教你吧。③

(二)

玉　蘭：傑克，到了我家，見了我父母，你得叫爸、叫媽。記住了嗎？

傑　克：記住了。你說得很容易，可是我怎麼開得了口？

玉　蘭：怎麼開不了口？你跟著我叫吧。

傑　克：好，記住了。

玉　蘭：爸、媽，我們回來了。最近我們忙得很，現在才有空兒回來看你們。

玉蘭爸：哦，回來了就好。我跟你媽正在商量給你們辦結婚宴席的事兒呢。

玉　蘭：爸，媽，我們已經結婚好幾個月了，④ 結婚宴席你們就別辦了。再說……

玉蘭爸：說什麼咱們也得辦。⑤ 這不是在你們北京城裏，這是農村。

傑　克：先生，您聽我們慢慢地說……

玉蘭爸：什麼？"先生"？你叫我"先生"！

玉　蘭：傑克，我是怎麼跟你說的，你說記住了，怎麼又忘了？叫"爸"，叫"爸"呀！老爸，傑克還不太習慣。說到我們倆結婚的事兒，⑥ 現在得按新的辦法辦，您怎麼還是老腦筋啊？⑦

玉蘭媽：什麼叫老腦筋？這是咱們的規矩。

傑　克：太太，您別生氣……

玉蘭媽：玉蘭爸，你聽，他叫我"太太"！

玉　蘭：你得叫"媽"。媽，他還不懂我們的規矩。

玉蘭媽：看得出來，他是不懂我們的規矩。你一個人跑到中國來，想怎麼做就怎麼做，你們村裏的人誰也看不見。

玉　蘭：媽，您這就不明白了，他不住在農村，他家在悉尼。

玉蘭媽：哦，"在城裏"。你們知道嗎？結婚是一輩子的大事啊！什麼都沒有結婚重要！不請親戚朋友和鄰居吃飯，你們胡同的人不說你嗎？⑧

傑　克：別說我們那條大"胡同"，連我住的那一座樓裏，也沒有人會批評我。跟您這麼說吧，我們誰也不認識誰。

玉蘭媽：可是我不能讓村裏人說我，說我女兒。

玉蘭爸：我看就這麼決定了：我們去飯館裏請兩個好廚師，在家裏擺十幾桌宴席。除了親戚朋友以外，把村裏的人也請來，大家高高興興地喝幾杯。

玉蘭媽：對，就這樣了。這事兒由我們來辦，一定得熱熱鬧鬧地辦。讓大家也認識認識我們家的外國姑爺。

语法术语缩略形式一览表

Abkürzungen der grammatischen Termini

Abkürzung	*Grammatischer Terminus auf Deutsch*	*Grammatischer Terminus auf Chinesisch*	*Grammatischer Terminus in Pinyin–Transkription*
Adj	*Adjektiv*	形容词	xíngróngcí
Adv	*Adverb*	副词	fùcí
AsPa	*Aspektpartikel*	动态助词	dòngtài zhùcí
EN	*Eigenname*	专有名词	zhuānyǒu míngcí
IPa	*Fragepartikel*	艺文助词	yìwén zhùcí
I	*Interjektion*	叹词	tàncí
IPr	*Fragepronomen*	疑问代词	yíwèn dàicí
Konj	*Konjunktion*	连词	liáncí
MoPa	*Modalpartikel*	语气助词	yǔqì zhùcí
MV	*Modalverb*	能源动词	néngyuán dòngcí
N	*Nomen*	名词	míngcí
NP	*Nominalprase*	名词短语	míngcí duǎnyǔ
O	*Objekt*	宾语	bīnyǔ
Ono	*Onomatpöie, Schallwort*	象声词	xiàngshēngcí
OA	*Ortsangabe*	地点词	dì diǎncí
Pa	*Partikel*	助词	zhùcí
Pr	*Pronomen*	代词	dàicí
Präf	*Präfix*	词头	cítóu
Präp	*Präposition*	介词	jiècí
R	*Redewendung*	习惯用语	xíguàn yòngyǔ
StPa	*Strukturpartikel*	结构助词	jiégòu zhùcí
S	*Subjekt*	主语	zhǔyǔ
S–PP	*Subjekt–Prädikat–Phrase*	主谓短语	zhǔwèi duǎnyǔ
Suf	*Suffix*	词尾	cí wěi
V	*Verb*	动词	dòngcí
VK	*Verb–Komplement Verb*	动补式动词	dòngbǔshì dòngcí
VO	*Verb–Objekt Verb*	动宾式动词	dòngbīnshì dòngcí
VP	*Verbalphrase*	动词短语	dòngcí duǎnyǔ
ZA	*Zeitangabe*	时间词	shíjiāncí
ZEW	*Zähleinheitswort*	量词	liàngcí
ZW	*Zahlwort*	数词	shùcí

生词索引(繁简对照)
Vokabelverzeichnis
(in Kurz– und Langzeichen)

词条	繁体	词性	拼音	英译	课号
				A	
AA制	AA制	(N)	AA zhì	getrennt zahlen	37
爱好者	愛好者	(N)	àihàozhě	Liebhaber (Kunst oder Sport)	30
安静	安靜	(Adj)	ānjìng	still, ruhig	27
按	按	(Präp)	àn	gemäß, entsprechend	37
按时	按時	(Adv)	ànshí	pünktlich, rechtzeitig	35
澳门	澳門	(EN)	Àomén	Macau	31
				B	
坝	壩	(N)	bà	Damm	34
摆	擺	(V)	bǎi	setzen, stellen, legen	29
班	班	(N)	bān	Klasse, Gruppe	37
搬	搬	(V)	bān	etw. her–/wegschaffen; umziehen	27
办法	辦法	(N)	bànfǎ	Methode, Weg	32
棒	棒	(Adj)	bàng	(umgangssprachlich) stark, prima	32
包	包	(N)	bāo	Tasche; Bündel, Paket	32
包括	包括	(V)	bāokuò	enthalten, beinhalten	31
宝	寶	(N)	bǎo	Schatz	28
保护	保護	(V)	bǎohù	schützen	33
杯(子)	杯(子)	(N)	bēi(zi)	Glas, Tasse	28
背	背	(V)	bēi	auf dem Rücken tragen	32
背包	背包	(N)	bēibāo	Rucksack	32
背	背	(V)	bèi	auswendig lernen, aus dem Gedächtnis wiedergeben	36
倍	倍	(ZW)	bèi	–mal, –fach	35
比较	比較	(Adv/V)	bǐjiào	relativ; vergleichen	29
比如	比如	(V)	bǐrú	beispielsweise, ein Beispiel geben	27
比上不足，比下有余	比上不足，比下有餘	(R)	bǐ shàng bùzú, bǐ xià yǒuyú	nicht am besten aber auch nicht am schlechtesten sein; mittelmäßig	32
变	變	(V)	biàn	ändern, sich verändern	35
表姐	表姐	(N)	biǎojiě	ältere Cousine (mütterlicherseits)	38
表示	表示	(V/N)	biǎoshì	zeigen, ausdrücken; Ausdruck	28
别人	別人	(Pr)	biéren	andere	28
饼	餅	(N)	bǐng	Kuchen	28
病	病	(V/N)	bìng	krank werden / Krankheit	30
不必	不必	(Adv)	búbì	nicht unbedingt	29

不过	不過	(Konj)	búguò	aber, nur	28
不如	不如	(V)	bùrú	(ist) nicht so gut wie	29
步	步	(N)	bù	Schritt	33

C

餐厅	餐廳	(N)	cāntīng	Restaurant	37
草原	草原	(N)	cǎoyuán	Grasland, Grünland	36
叉(子)	叉(子)	(N)	chā(zi)	Gabel	27
茶馆	茶館	(N)	cháguǎn	Teehaus	27
差不多	差不多	(Adj/Adv)	chàbuduō	fast gleich / fast, nahezu	32
长江	長江	(EN)	Cháng Jiāng	Changjiang (oder Yangtze)	31
场所	場所	(N)	chǎngsuǒ	Ort, Stätte	27
称	稱	(V)	chēng	nennen	32
称呼	稱呼	(V/N)	chēnghu	jn. anreden / Anrede	32
称赞	稱讚	(V)	chēngzàn	loben, bewundern	28
成绩	成績	(N)	chéngjì	Leistung, Ergebnis	31
出汗	出汗	(VO)	chūhàn	schwitzen	30
除了……以外	除了……以外		chúle…yǐwài	außer, neben	36
厨师	廚師	(N)	chúshī	Koch	38
传说	傳說	(N)	chuánshuō	Legende	34
船	船	(N)	chuán	Boot, Schiff	34
床前明月光	床前明月光		Chuáng qián míng yuè guāng	Vor dem Bett scheint der helle Mond	36
春节	春節	(EN)	Chūn Jié	Frühlingsfest, Chinesisches Neujahr	28
凑合	湊合	(V)	còuhe	(umgangssprachlich) es geht so, passabel	32

D

大方	大方	(Adj)	dàfang	großzügig	37
大陆	大陸	(EN)	Dàlù	das chinesische Festland	31
大事	大事	(N)	dàshì	wichtige Sache	38
贷	貸	(V/N)	dài	leihen / Darlehen	35
贷款	貸款	(VO/N)	dàikuǎn	Kredit gewähren / Kredit	35
戴	戴	(V)	dài	tragen, anziehen	28
单	單	(N)	dān	Liste	37
担心	擔心	(V)	dānxīn	sich Sorgen machen	28
刀(子)	刀(子)	(N)	dāo(zi)	Messer	27
刀叉	刀叉	(N)	dāochā	Messer und Gabel	27
得到	得到	(V)	dédào	erhalten, bekommen	28
登	登	(V)	dēng	veröffentlichen (einen Artikel, einen Aufsatz usw.)	33
登记	登記	(V)	dēngjì	anmelden, registrieren	38
低头思故乡	低頭思故鄉		Dī tóu sī gùxiāng	(ich) senke (meinen) Kopf und denke an (meine) Heimat	36
地	地	(Pa)	de	(zur Bildung einer Adverbialbestimmung)	29
地道	地道	(Adj)	dìdao	echt, rein	32

地理	地理	(N)	dìlǐ	Geografie	31
弟子不必不如师	弟子不必不如師	(R)	dìzǐ búbì bùrú shī	Schüler wissen nicht unbedingt weniger als Lehrer.	29
点心	點心	(N)	diǎnxin	Imbiss, leichte Mahlzeit, *dim sum*	27
丢人	丟人	(VO)	diūrén	das Gesicht verlieren, eine Schmach erleiden	35
东北	東北	(EN)	Dōngběi	der Nordosten	36
动	動	(V)	dòng	bewegen	36
动作	動作	(N)	dòngzuò	Bewegung	30
都市	都市	(N)	dūshì	Stadt	33
读	讀	(V)	dú	lesen	32
读书	讀書	(VO)	dúshū	lesen, eine Schule besuchen	32
杜甫	杜甫	(EN)	Dù Fǔ	Du Fu (ein berühmter Dichter der Tang-Zeit)	36
对面	對面	(N)	duìmiàn	gegenüberliegende Seite	30
				E	
俄罗斯	俄羅斯	(EN)	Éluósī	Russland	31
				F	
发现	發現	(V)	fāxiàn	etw. herausfinden, entdecken	27
饭店	飯店	(N)	fàndiàn	Hotel	37
方式	方式	(N)	fāngshì	Art, Methode	30
非洲	非洲	(EN)	Fēizhōu	Afrika	33
……分之……	……分之……		……fēnzhī……	(zum Ausdruck von Bruchzahlen und Prozentangaben)	35
风俗	風俗	(N)	fēngsú	Brauchtum	27
封	封	(ZEW)	fēng	(Zähleinheitswort für Briefe)	36
疯	瘋	(Adj)	fēng	verrückt	35
服务	服務	(V)	fúwù	jn. bedienen, etw. servieren	27
服务员	服務員	(N)	fúwùyuán	Personal, Bedienung	27
父	父	(N)	fù	Vater	32
父母	父母	(N)	fùmǔ	Eltern	32
付	付	(V)	fù	bezahlen	35
复杂	複雜	(Adj)	fùzá	kompliziert	36
				G	
干	乾	(Adj)	gān	trocken	28
干杯	乾杯	(VO)	gānbēi	Zum Wohl! Prost!	28
干净	乾淨	(Adj)	gānjìng	sauber	27
感觉	感覺	(N/V)	gǎnjué	spüren, fühlen / Gefühl	31
感谢	感謝	(V)	gǎnxiè	danken	28
橄榄球	橄欖球	(N)	gǎnlǎnqiú	American Football	37
高明	高明	(Adj)	gāomíng	gescheit	29
高新技术	高新技術	(N)	gāo xīn jìshù	neue und Hochtechnologie	32
高原	高原	(N)	gāoyuán	Hochebene	33
搞	搞	(V)	gǎo	etw. machen, sich mit etw. befassen	32
个人	個人	(N)	gèrén	Individuum	32
各	各	(Pr)	gè	jede (-r, -s)	36

跟	跟	(V)	gēn	folgen	35
更	更	(Adv)	gèng	noch (+Komparativ)	27
工资	工資	(N)	gōngzī	Lohn, Gehalt	32
公里	公里	(ZEW)	gōnglǐ	Kilometer	31
够	夠	(Adj/V)	gòu	genug, ausreichend / etw. reicht für	32
姑爷	姑爺	(N)	gūye	Schwiegersohn	38
古	古	(Adj)	gǔ	alt, altertümlich	29
古迹	古跡	(N)	gǔjì	(historische) Sehenswürdigkeit	31
古书	古書	(N)	gǔshū	alte Bücher	29
鼓	鼓	(N)	gǔ	Trommel	30
刮	刮	(V)	guā	wehen	34
挂	掛	(V)	guà	aufhängen	29
关系	關係	(N)	guānxì	Beziehung, Verhältnis	33
关心	關心	(V)	guānxīn	sich um etw. kümmern, etw. in Betracht ziehen	32
观念	觀念	(N)	guānniàn	Vorstellung, Idee	35
管	管	(V)	guǎn	sich kümmern um	35
规矩	規矩	(N)	guīju	Regel; Gebräuche, Praktiken	38

H

海	海	(N)	hǎi	Meer	31
寒带	寒帶	(N)	hándài	Polarzone	36
好处	好處	(N)	hǎochù	Vorteil, Nutzen	35
好看	好看	(Adj)	hǎokàn	hübsch, gut aussehend	29
好奇	好奇	(Adj)	hàoqí	neugierig	32
河	河	(N)	hé	Fluss	31
红双喜字	紅雙喜字	(R)	hóng shuāngxǐ zì	das rote Schriftzeichen doppeltes Glück	38
后来	後來	(N)	hòulái	später, danach	30
胡同	胡同	(N)	hútòng	Gasse, *hutong*	38
壶	壺	(N/ZEW)	hú	Kanne, Kessel, Krug	27
湖北	湖北	(EN)	Húběi	Provinz Hubei	34
湖南	湖南	(EN)	Húnán	Provinz Hunan	34
互相	互相	(Adv)	hùxiāng	gegenseitig, einander	29
花	花	(V)	huā	ausgeben, aufwenden	32
花轿	花轎	(N)	huājiào	Brautsänfte	38
欢迎	歡迎	(V)	huānyíng	willkommen heißen	29
环境	環境	(N)	huánjìng	Umwelt	33
黄河	黃河	(EN)	Huáng Hé	Gelber Fluss	31
黄山	黃山	(EN)	Huáng Shān	Huangshan (ein Berg)	31
回	回	(ZEW)	huí	(Zähleinheitswort für Angelegenheiten oder die Häufigkeit von Handlungen)	37
婚礼	婚禮	(N)	hūnlǐ	Hochzeit, Hochzeitsfeier	38
活	活	(V/Adj)	huó	Leben/lebendig	33
活动	活動	(V/N)	huódòng	sich bewegen / Aktivität, Veranstaltung	30

J

积蓄	積蓄	(V/N)	jīxù	sparen / Ersparnisse	35
纪念	紀念	(V)	jìniàn	gedenken an	28,33
纪念品	紀念品	(N)	jìniànpǐn	Souvenir	28
季	季	(N)	jì	Jahreszeit	36
季节	季節	(N)	jìjié	Jahreszeit	36
既……又……	既……又……	(Konj)	jì……yòu……	sowohl … als auch …	33
继续	繼續	(V)	jìxù	fortsetzen, fortführen	33
家	家	(Suf)	jiā	Spezialist auf einem bestimmten Gebiet	29
家书抵万金	家書抵萬金		Jiāshū dǐ wàn jīn	Ein Brief von Zuhause ist ein Vermögen in Gold wert.	36
嫁	嫁	(V)	jià	heiraten (aus Sicht der Frau)	38
艰苦	艱苦	(Adj)	jiānkǔ	hart, beschwerlich	35
简单	簡單	(Adj)	jiǎndān	einfach	30
建立	建立	(V)	jiànlì	errichten, gründen	33
剑	劍	(N)	jiàn	Schwert	30
江南	江南	(EN)	Jiāngnán	südlich des Changjiang	36
讲	講	(V)	jiǎng	sprechen, erklären	34
浇	澆	(V)	jiāo	bewässern, gießen	29
叫做	叫做	(V)	jiàozuò	bezeichnen, heißen	30
教堂	教堂	(N)	jiàotáng	Kirche	38
教育	教育	(V/N)	jiàoyù	erziehen, ausbilden / Erziehung, Bildung	33
接受	接受	(V)	jiēshòu	in Empfang nehmen, entgegennehmen	33
接着	接著	(V/Konj)	jiēzhe	weiterführen / anschließend, weiter	37
街	街	(N)	jiē	Straße	30
街心花园	街心花園	(NP)	jiēxīn huāyuán	Grünanlage auf der Straße	30
节日	節日	(N)	jiérì	Fest	28
节约	節約	(V)	jiéyuē	(ein)sparen, sparsam umgehen	35
杰克	傑克	(EN)	Jiékè	Jack (Australier, Name einer Figur in diesem Buch)	38
结婚	結婚	(VO)	jiéhūn	heiraten	32
结婚证	結婚證	(N)	jiéhūnzhèng	Trauschein, Eheurkunde	38
解决	解決	(V)	jiějué	lösen	33
借债	借債	(VO)	jièzhài	Geld leihen	35
金(子)	金(子)	(N)	jīnzi	Gold	35
近	近	(Adj)	jìn	in der Nähe, nah	33
金钱	金錢	(N)	jīnqián	Geld	35
经济	經濟	(N)	jīngjì	Wirtschaft	35
惊	驚	(V)	jīng	überraschen	28
惊喜	驚喜	(N)	jīngxǐ	freudige Überraschung	28
敬	敬	(V)	jìng	respektieren, höflich anbieten	37
敬酒	敬酒	(VO)	jìngjiǔ	auf jds. Wohl trinken, einen Trinkspruch aussprechen	37

静	静	(Adj)	jìng	still, ruhig	27
久	久	(Adj)	jiǔ	lange (Zeit)	34
酒杯	酒杯	(N)	jiǔbēi	Weinglas	37
就是	就是	(Konj)	jiùshì	sofern, selbst wenn	35
举	舉	(V)	jǔ	heben, hochheben	37
举头望明月	舉頭望明月		Jǔ tóu wàng míngyuè	(ich) hebe (meinen) Kopf und blicke auf den hellen Mond	36
举行	舉行	(V)	jǔxíng	durchführen, veranstalten	38
句	句	(ZEW)	jù	Satz	29
句子	句子	(N)	jùzi	Satz	29
决定	決定	(V)	juédìng	beschließen, entscheiden	38
绝对	絕對	(Adj)	juéduì	absolut	35
君子兰	君子蘭	(N)	jūnzǐlán	Klivie	29

K

咖啡馆	咖啡館	(N)	kāfēiguǎn	Café	27
开花	開花	(VO)	kāihuā	blühen	29
开口	開口	(VO)	kāikǒu	den Mund öffnen; zu sprechen beginnen (häufig über etwas, das peinlich ist)	38
看法	看法	(N)	kànfǎ	(An)Sicht, Anschauung	27
看见	看見	(VK)	kànjiàn	sehen, erblicken	33
烤全羊	烤全羊	(N)	kǎoquányáng	Lamm im Ganzen gegrillt	37
靠近	靠近	(V)	kàojìn	sich nähern, nahe bei	33
科学	科學	(N)	kēxué	Wissenschaft	33
科学家	科學家	(N)	kēxuéjiā	Wissenschaftler	33
棵	棵	(ZEW)	kē	(Zähleinheitswort für Bäume und Pflanzen)	31
可	可	(Adv)	kě	wirklich	34
可乐	可樂	(N)	kělè	Cola	34
客人	客人	(N)	kèren	Gast	38
空气	空氣	(N)	kōngqì	Luft	33
口	口	(N)	kǒu	Mund	38
块	塊	(ZEW)	kuài	Stück, Block, Tafel	27
筷子	筷子	(N)	kuàizi	Essstäbchen	27
款	款	(N)	kuǎn	Geld, Betrag	35
困难	困難	(Adj/N)	kùnnan	hart, schwierig / Mühsal, Schwierigkeit	35

L

辣	辣	(Adj)	là	scharf, würzig	34
来往	來往	(V)	láiwǎng	kommen und gehen	34
老人	老人	(N)	lǎorén	alter Mensch, Senior	30
礼轻情意重	禮輕情意重	(R)	lǐ qīng qíngyì zhòng	Der Gedanke zählt, nicht das Geschenk.	28
李白	李白	(EN)	Lǐ Bái	Li Bai (Name eines großen Dichters der Tang Dynastie)	34

李玉兰	李玉蘭	(EN)	Lǐ Yùlán	Li Yulan (Chinesin, Name einer Figur in diesem Buch)	38
立交桥	立交橋	(N)	lìjiāoqiáo	Überführung von Hochstraßen	30
俩	倆	(ZW)	liǎ	(umgangssprachlich) zwei (Personen)	38
连	連	(Konj)	lián	selbst, sogar	34
练	練	(V)	liàn	üben	29
凉	涼	(Adj)	liáng	kühl	34
凉快	涼快	(Adj)	liángkuai	(angenehm) kühl	36
两岸猿声啼不住	兩岸猿聲啼不住		Liǎng àn yuán shēng tí bú zhù	Affen kreischen ohne Unterlass an beiden Ufern des Flusses.	34
聊天	聊天	(VO)	liáotiān	plaudern schwatzen	27
了	了	(V)	liǎo	können	36
了解	瞭解	(V)	liǎojiě	jn./etw. kennen; sich über jn./etw. informieren	27
邻居	鄰居	(N)	línjū	Nachbar	38
灵山	靈山	(EN)	Líng Shān	Lingshan (Name eines Berges nahe Peking)	33
留学	留學	(VO)	liúxué	im Ausland studieren	32
路线	路線	(N)	lùxiàn	Strecke, Route	36
旅游	旅遊	(V)	lǚyóu	(ver)reisen	31
绿化	綠化	(V)	lǜhuà	begrünen, aufforsten	33
锣	鑼	(N)	luó	Gong	30

M

埋单	埋單	(VO)	máidān	(umgangssprachlich) die Rechnung bezahlen	37
毛	毛	(N)	máo	Haar; Feder, Daune	28
毛笔	毛筆	(N)	máobǐ	(Schreib)Pinsel	28
美丽	美麗	(Adj)	měilì	schön	32
门口	門口	(N)	ménkǒu	Eingang	30
蒙族	蒙族	(EN)	Měngzú	Mongolische Nationalität	37
梦	夢	(N)	mèng	Traum	35
梦话	夢話	(N)	mènghuà	Unsinn; im Traum reden	35
迷	迷	(V/N)	mí	fesseln, verzaubern / Fan	34
米	米	(ZEW)	mǐ	Meter	31
米	米	(N)	mǐ	Reis	35
面积	面積	(N)	miànjī	Fläche	31
民歌	民歌	(N)	míngē	Volkslied	37
民间	民間	(N)	mínjiān	Volks-, in der Bevölkerung	30
名不虚传	名不虛傳	(R)	míng bù xū chuán	zu Recht in gutem Ruf stehen	32
名牌	名牌	(N)	míngpái	bekannte Marke	28
名胜	名勝	(N)	míngshèng	(touristische) Sehenswürdigkeit	31
名胜古迹	名勝古跡	(N)	míngshèng gǔjì	(landschaftliche und historische Sehenswürdigkeiten)	31

明白	明白	(Adj/V)	míngbai	klar, deutlich / verstehen, begreifen	37
母	母	(N)	mǔ	Mutter	31
母亲	母親	(N)	mǔqīn	Mutter	31
木(头)	木(頭)	(N)	mù(tou)	Holz	33
木屋	木屋	(N)	mùwū	Holzhütte	33
				N	
那么	那麼	(Pr)	nàme	so	28
脑筋	腦筋	(N)	nǎojīn	Gehirn; Denkweise	38
闹	鬧	(Adj/N)	nào	lebhaft, laut	27
内蒙	內蒙	(EN)	Nèiměng	Innere Mongolei	36
扭	扭	(V)	niǔ	drehen, rotieren	30
扭秧歌	扭秧歌	(VO)	niǔyāngge	den *Yangge*-Tanz tanzen	30
暖气	暖氣	(N)	nuǎnqì	Heizung	36
				O	
哦	哦	(Int)	ó	oh, aha (Ausdruck des plötzlichen Erkennens, Verstehens)	32
				P	
怕	怕	(V)	pà	fürchten	34
牌(子)	牌(子)	(N)	pái(zi)	Marke	28
盘	盤	(ZEW)	pán	Platte, Teller	27
盘子	盤子	(N)	pánzi	Platte, Teller, Tablett	27
跑步	跑步	(VO)	pǎobù	laufen, rennen	30
盆	盆	(N)	pén	Wanne, Schüssel	29
盆景	盆景	(N)	pénjǐng	Bonsai	29
批评	批評	(V)	pīpíng	bemängeln, kritisieren	38
啤酒	啤酒	(N)	píjiǔ	Bier	28
品	品	(Suf)	pǐn	Produkt	28
平方	平方	(N)	píngfāng	Quadrat	31
平方公里	平方公里	(ZEW)	píngfānggōnglǐ	Quadratkilometer	31
朴素	樸素	(Adj)	pǔsù	schlicht, einfach	35
				Q	
其余	其餘	(Pr)	qíyú	der Rest, restlich	35
奇怪	奇怪	(Adj)	qíguài	merkwürdig, seltsam	31
企业	企業	(N)	qǐyè	Unternehmen	32
气候	氣候	(N)	qìhòu	Klima	36
谦虚	謙虛	(Adj)	qiānxū	bescheiden	29
墙	牆	(N)	qiáng	Wand, Mauer	29
抢	搶	(V)	qiǎng	schnappen; drängen	37
敲	敲	(V)	qiāo	klopfen, schlagen	30
敲锣打鼓	敲鑼打鼓	(R)	qiāoluó dǎgǔ	Trommeln und Gongs schlagen	30
桥	橋	(N)	qiáo	Brücke	30
巧	巧	(Adj)	qiǎo	gelegen, gerade recht; zufällig; geschickt	32
切	切	(V)	qiē	etw. klein schneiden, zuschneiden	27
亲戚	親戚	(N)	qīnqi	Verwandte (-r)	38

勤俭	勤儉	(Adj)	qínjiǎn	fleißig und genügsam	35
轻	輕	(Adj)	qīng	leicht	28
轻舟已过万重山	輕舟已過万重山		Qīngzhōu yǐ guò wàn chóng shān	Mein Boot hat sicher alle Klippen passiert.	34
清楚	清楚	(Adj)	qīngchu	deutlich, klar	32
情意	情意	(N)	qíngyì	Zuneigung, Freundschaft	28
请客	請客	(VO)	qǐngkè	jmd. (zum Essen) einladen (mit der Absicht zu bezahlen)	37
球场	球場	(N)	qiúchǎng	Spielfeld (für Ballspiele)	37
确实	確實	(Adv)	quèshí	bestimmt, wirklich, tatsächlich	33
裙子	裙子	(N)	qúnzi	Rock	36
			R		
然后	然後	(Adv)	ránhòu	dann, danach	37
热带	熱帶	(N)	rèdài	tropische Zone	36
热闹	熱鬧	(Adj/V)	rènao	lebhaft, rege; es ist viel los, Stimmung machen	27
人口	人口	(N)	rénkǒu	Bevölkerung	31
人们	人們	(N)	rénmen	Menschen, Leute	29
认为	認為	(V)	rènwéi	denken, meinen	32
日	日	(N)	rì	Tag, Sonne	34
日子	日子	(N)	rìzi	Tag; Leben	35
入	入	(V)	rù	eintreten, betreten	27
入乡随俗	入鄉隨俗	(R)	rù xiāng suí sú	sich den lokalen Gegebenheiten anpassen	27
			S		
三峡	三峽	(EN)	Sānxiá	Drei Schluchten des Yangzi	34
沙漠	沙漠	(N)	shāmò	Wüste	33
莎士比亚	莎士比亞	(EN)	Shāshìbǐyà	William Shakespeare	36
山峰	山峰	(N)	shānfēng	Bergspitze	31
山水	山水	(N)	shānshuǐ	Berge und Wasser, Landschaft	34
山水画	山水畫	(N)	shānshuǐhuà	Landschaftsbild	34
商量	商量	(V)	shāngliang	besprechen, beraten	38
商品	商品	(N)	shāngpǐn	Waren, Handelsgüter	35
商品经济	商品經濟	(N)	shāngpǐn jīngjì	Warenwirtschaft	35
赏	賞	(V)	shǎng	bewundern, genießen	28
上班	上班	(VO)	shàngbān	arbeiten gehen	30
稍	稍	(Adv)	shāo	etwas, ein bisschen	27
什么的	什麼的	(Pr)	shénmede	(umgangssprachlich) und so weiter	32
神女峰	神女峰	(EN)	Shénnǚ Fēng	Berg der heiligen Schönheit	34
生病	生病	(VO)	shēngbìng	krank werden	30
生产	生產	(V/N)	shēngchǎn	produzieren / Produktion	35
生命	生命	(N)	shēngmìng	Leben	35
生气	生氣	(VO)	shēngqì	sich ärgern, wütend werden	38
声	聲	(N)	shēng	Geräusch, Laut, Ton	27
声音	聲音	(N)	shēngyīn	Klang, Ton, Stimme	27

师	師	(Suf)	shī	Meister, Lehrer	29
师不必贤于弟子	師不必賢于弟子	(R)	shī búbì xián yú dì zǐ	Lehrer sind nicht unbedingt fähiger als ihre Schüler.	29
诗	詩	(N)	shī	Gedicht	34
诗人	詩人	(N)	shī rén	Dichter	36
时代	時代	(N)	shídài	Zeit, Ära	35
实现	實現	(V)	shíxiàn	verwirklichen	35
食物	食物	(N)	shíwù	Essen, Nahrung, Speise	27
世纪	世紀	(N)	shìjì	Jahrhundert	35
世界	世界	(N)	shìjiè	Welt	31
市	市	(N)	shì	Stadt	33
事先	事先	(N)	shìxiān	im voraus, vorab	37
收	收	(V)	shōu	annehmen, entgegennehmen	28
手	手	(N)	shǒu	Hand	30
手指	手指	(N)	shǒuzhǐ	Finger	27
首	首	(ZEW)	shǒu	(Zähleinheitswort für Gedichte, Lieder usw.)	34
首都	首都	(N)	shǒudū	Hauptstadt	33
首先	首先	(Adv)	shǒuxiān	zuerst	37
受	受	(V)	shòu	erhalten, bekommen	37
书法	書法	(N)	shūfǎ	Kalligrafie	28
书法家	書法家	(N)	shūfǎjiā	Kalligraf	29
书房	書房	(N)	shūfáng	Arbeitszimmer	29
书架	書架	(N)	shūjià	Bücherregal	29
熟	熟	(Adj)	shú	vertraut, bekannt	36
树	樹	(N)	shù	Baum	31
双	雙	(ZEW)	shuāng	Paar	38
双喜	雙喜	(N)	shuāngxǐ	doppeltes Glück	38
水果	水果	(N)	shuǐguǒ	Obst	28
说话	說話	(VO)	shuōhuà	etw. sagen, reden	27
四川	四川	(EN)	Sìchuān	Provinz Sichuan	34
松树	松樹	(N)	sōngshù	Kiefer, Fichte	31
俗	俗	(N)	sú	Gebräuche, Sitten	27
算	算	(V)	suàn	zählen, berechnen; als etw. gelten	32
随	隨	(V)	suí	jm. (in etw.) folgen	27

T

台	台	(N)	tái	Bühne, Plattform	27
台湾	臺灣	(EN)	Táiwān	Taiwan	31
抬	抬	(V)	tái	anheben, tragen	37
太极剑	太極劍	(N)	tàijíjiàn	*Taijijian* ((Schwertkampfkunst)	30
太太	太太	(N)	tàitai	Frau (Anrede)	38
唐代	唐代	(EN)	Tángdài	Tang–Dynastie	29

《唐诗选》	《唐詩選》	(EN)	《Tángshī Xuǎn》	Ausgewählte Tang-Gedichte	36
糖	糖	(N)	táng	Süßigkeiten	28
特色	特色	(N)	tèsè	Besonderheit	28
添	添	(V)	tiān	ergänzen, hinzufügen	37
舔	舔	(V)	tiǎn	etw. (be)lecken	27
条件	條件	(N)	tiáojiàn	Bedingung	33
跳	跳	(V)	tiào	hüpfen, springen	30
跳舞	跳舞	(V)	tiàowǔ	tanzen	30
贴	貼	(V)	tiē	kleben	38
听见	聽見	(VK)	tīngjiàn	hören, vernehmen	30
挺	挺	(Adv)	tǐng	(umgangssprachlich) sehr	35
退休	退休	(V)	tuìxiū	in Rente gehen	30
			W		
外交	外交	(N)	wàijiāo	Diplomatie	33
外交官	外交官	(N)	wàijiāoguān	Diplomat	33
晚饭	晚飯	(N)	wǎnfàn	Abendessen	37
万	萬	(ZW)	wàn	zehntausend	31
网	網	(N)	wǎng	Netz	33
网吧	網吧	(N)	wǎngbā	Internetcafé	30
网络	網絡	(N)	wǎngluò	Internet	32
围	圍	(V)	wéi	umgeben, einkreisen	28,30
围巾	圍巾	(N)	wéi jīn	Halstuch, Schal	28
伟大	偉大	(Adj)	wěidà	groß, großartig	36
为	為	(Präp)	wèi	für	34
味道	味道	(N)	wèidao	Geschmack	37
味儿	味兒	(N)	wèir	Geschmack	34
文房四宝	文房四寶	(R)	wénfáng sìbǎo	die vier Schätze des Gelehrtenzimmers	28
文学家	文學家	(N)	wénxuéjiā	Literat	29
稳定	穩定	(Adj)	wěndìng	stabil	35
污染	污染	(V)	wūrǎn	verschmutzen	33
屋(子)	屋(子)	(N)	wū(zi)	Zimmer, Raum	33
武术	武術	(N)	wǔshù	Kampfkunst	30
舞	舞	(N)	wǔ	Tanz	27
舞蹈	舞蹈	(N)	wǔdǎo	Tanz	30
舞台	舞臺	(N)	wǔtái	Bühne	27
舞厅	舞廳	(N)	wǔtīng	Tanzlokal, Tanzhalle	30
物	物	(N)	wù	Ding, Sache	27
			X		
西餐	西餐	(N)	xīcān	westliches Essen	27
西藏	西藏	(EN)	Xīzàng	Tibet	31
西王母	西王母	(EN)	Xīwángmǔ	*Xiwangmu* (Göttin des Westens und des Himmels, eine Figur aus der chinesischen Mythologie)	34
希望	希望	(V/N)	xīwàng	hoffen / Hoffnung	28

悉尼	悉尼	(EN)	Xīní	Sydney	38
喜	喜	(V)	xǐ	fröhlich sein	28
喜糖	喜糖	(N)	xǐtáng	Süßigkeit, die zur Hochzeit gegessen wird	38
下棋	下棋	(VO)	xiàqí	Schach spielen	30
夏令营	夏令營	(N)	xiàlìngyíng	Sommerlager	33
现代	現代	(N)	xiàndài	Moderne, modern	36
乡	鄉	(N)	xiāng	Heimat; Dorf	27
香港	香港	(EN)	Xiānggǎng	Hong Kong	31
享受	享受	(V/N)	xiǎngshòu	genießen, Gefallen finden an / Genuss	35
小时候	小時候	(N)	xiǎoshíhou	in der Kindheit	36
小意思	小意思	(R)	xiǎoyìsi	nur eine Kleinigkeit	28
笑话	笑話	(N)	xiàohua	Witz, Scherz	37
欣赏	欣賞	(V)	xīnshǎng	sich an etw. erfreuen, genießen	32
新婚	新婚	(Adj)	xīnhūn	frisch verheiratet	38
新疆	新疆	(EN)	Xīnjiāng	Autonome Region Xinjiang	37
新娘	新娘	(N)	xīnniáng	Braut	38
信用	信用	(N)	xìnyòng	Glaubwürdigkeit, Kreditwürdigkeit	35
幸福	幸福	(Adj)	xìngfú	glücklich	38
休闲	休閒	(V)	xiūxián	sich ausruhen	30
修整	修整	(V)	xiūzhěng	nachschneiden	29
选择	選擇	(V/N)	xuǎnzé	auswählen / Auswahl	36

Y

研究	研究	(V/N)	yánjiū	forschen, untersuchen / Forschung	33
宴席	宴席	(N)	yànxí	Bankett	38
秧歌	秧歌	(N)	yāngge	*Yangge*–Tanz	30
羊肉	羊肉	(N)	yángròu	Lammfleisch	37
养	養	(V)	yǎng	züchten, aufziehen	29
摇篮	搖籃	(N)	yáolán	Wiege	31
要不	要不	(Konj)	yàobù	sonst, anderenfalls	30
叶(子)	葉(子)	(N)	yè(zi)	Blatt	29
页	頁	(ZEW)	yè	Seite	36
夜	夜	(N)	yè	Nacht	34
一般	一般	(Adj)	yìbān	normalerweise, gewöhnlich	28
一辈子	一輩子	(N)	yíbèizi	ein Leben lang	35
一边…… 一边……	一邊…… 一邊……		yìbiān…… yìbiān……	gleichzeitig, unterdessen	27
医务室	醫務室	(N)	yīwùshì	Klinik	34
移	移	(V)	yí	umsetzen	33
移植	移植	(V)	yízhí	transplantieren, umpflanzen	33
疑是地上霜	疑是地上霜		Yí shì dì shàng shuāng	(ich) vermute, der Boden ist von reif überzogen	36
亿	億	(ZW)	yì	hundert Millionen	31
艺术	藝術	(N)	yìshù	Kunst	29

意见	意見	(N)	yìjiàn	Meinung, Ansicht	29
意思	意思	(N)	yìsi	Sinn, Bedeutung	29
隐私	隱私	(N)	yǐnsī	Privatsphäre	32
迎客松	迎客松	(EN)	Yíngkèsōng	Kiefer, die die Gäste willkommen heißt (auf dem Huangshan)	31
由	由	(Präp)	yóu	durch, von	37
游	遊	(V)	yóu	reisen	31
游船	遊船	(N)	yóuchuán	Ausflugsschiff	34
游览	遊覽	(V)	yóulǎn	besichtigen, eine Sehenswürdigkeit besuchen	32
友好	友好	(Adj)	yǒuhǎo	freundschaftlich	32
友谊	友誼	(N)	yǒuyì	Freundschaft	28
有时	有時	(R)	yǒushí	manchmal	36
有时候	有時候	(Adv)	yǒushíhou	manchmal	36
愉快	愉快	(Adj)	yúkuài	glücklich, fröhlich	37
羽绒服	羽絨服	(N)	yǔróngfú	Daunenjacke	36
园艺	園藝	(N)	yuányì	Gartenbau	29
园艺师	園藝師	(N)	yuányìshī	Gärtner	29
约	約	(V)	yuē	verabreden, einladen	37
月饼	月餅	(N)	yuèbǐng	Mondkuchen	28
月亮	月亮	(N)	yuèliang	Mond	28
岳父	岳父	(N)	yuèfù	Schwiegervater (Vater der Ehefrau)	38
岳母	岳母	(N)	yuèmǔ	Schwiegermutter (Mutter der Ehefrau)	38
越……越……	越……越……		yuè……yuè……	je ... desto ...	37
云	雲	(N)	yún	Wolke	31
晕	暈	(V)	yūn	schwindelig sein	34
晕船	暈船	(VO)	yùnchuán	seekrank sein	34

Z

再说	再說	(Konj)	zàishuō	außerdem, darüber hinaus	34
藏趣园	藏趣園	(EN)	Zàngqùyuán	der Tibetische Botanische Garten	33
早上	早上	(N)	zǎoshang	(früher) Morgen	30
债	債	(N)	zhài	Schuld, Verpflichtung	35
长	長	(N)	zhǎng	wachsen	29
账	賬	(N)	zhàng	Rechnung, Konto	37
账单	賬單	(N)	zhàngdān	Rechnung	37
着	著	(V)	zháo	(nach einem Verb als Ergebniskomplement verwendet)	34
照相	照相	(VO)	zhàoxiàng	fotografieren	32
这样	這樣	(Pr)	zhèyàng	so, auf diese Art	27
珍贵	珍貴	(Adj)	zhēnguì	kostbar, wertvoll	36
挣	掙	(V)	zhèng	etw. verdienen	32
整齐	整齊	(Adj)	zhěngqí	ordentlich, geordnet	29
正常	正常	(Adj)	zhèngcháng	normal, regulär	27

正确	正確	(Adj)	zhèngquè	richtig, korrekt	31
政府	政府	(N)	zhèngfǔ	Regierung	38
……之一	……之一		……zhīyī	eine (–r, –s) von	28
知识	知識	(N)	zhīshi	Wissen	31
植树	植樹	(VO)	zhíshù	Bäume pflanzen	33
植树节	植樹節	(EN)	Zhíshù Jié	Baumpflanztag	33
植物	植物	(N)	zhíwù	Pflanze	33
植物园	植物園	(N)	zhíwùyuán	botanischer Garten	33
止	止	(V)	zhǐ	anhalten, stoppen	34
只是	只是	(Adv)	zhǐshì	lediglich, nur	38
只要	只要	(Konj)	zhǐyào	solange, nur wenn	31
指	指	(V)	zhǐ	zeigen, weisen	34
中华	中華	(EN)	Zhōnghuá	China	31
中间	中間	(N)	zhōngjiān	Mitte; zwischen	32
中秋节	中秋節	(EN)	Zhōngqiū Jié	Mondfest	28
重要	重要	(Adj)	zhòngyào	wichtig	28
珠穆朗玛峰	珠穆朗瑪峰	(EN)	Zhūmùlǎngmǎ Fēng	Mt. Everest, Chomolungma	31
主意	主意	(N)	zhǔyi	Gedanke, Idee	33
住房	住房	(N)	zhùfáng	Wohnung, Zuhause	32
准备	準備	(V)	zhǔnbèi	etw. planen, vorbereiten	28
字	字	(N)	zì	Schriftzeichen; Handschrift	29
字画	字畫	(N)	zìhuà	Kalligrafie und Gemälde	29
自然	自然	(Adj/N)	zìrán	natürlich / Natur	31
嘴	嘴	(N)	zuǐ	Mund	27
最	最	(Adv)	zuì	meist–	27
最好	最好	(Adv)	zuìhǎo	am besten, sollte lieber	36
最后	最後	(N)	zuìhòu	zuletzt, schließlich	37
最近	最近	(N)	zuìjìn	vor kurzem	30
尊敬	尊敬	(V)	zūnjìng	respektieren	37
尊重	尊重	(V)	zūnzhòng	wertschätzen, respektieren	28
作品	作品	(N)	zuòpǐn	Werk, Kunstwerk	29
做操	做操	(VO)	zuòcāo	Gymnastik machen	30

补充词汇
Zusätzliche Vokabeln

词条	繁体	词性	拼音	英译	课号
				A	
阿姨	阿姨	(N)	āyí	Kindermädchen, Haushaltshilfe	37
奥林匹克	奥林匹克	(EN)	Àolínpǐkè	Olympische Spiele	30
				B	
鼻烟壶	鼻煙壺	(N)	bíyānhú	Schnupftabakfläschchen	34
部门	部門	(N)	bùmén	Behörde, Amt, Abteilung	32
				C	
藏	藏	(V)	cáng	verbergen, verstecken	38
长寿	長壽	(Adj)	chángshòu	langlebig	30
嫦娥	嫦娥	(EN)	Cháng'é	Mondgöttin Chang'e	28
嫦娥奔月	嫦娥奔月	(R)	Cháng'é bèn yuè	Chang'e fliegt zum Mond	28
炒	炒	(V)	chǎo	in der Pfanne kurz braten	37
词典	詞典	(N)	cídiǎn	Wörterbuch	37
聪明	聰明	(Adj)	cōngmíng	clever, klug	30
存款	存款	(N)	cúnkuǎn	Bankguthaben	35
				D	
打鱼	打魚	(VO)	dǎyú	angeln gehen	34
大部分	大部分		dàbùfen	Großteil, meist	35
灯	燈	(N)	dēng	Laterne, Lampe	38
调查	調查	(V)	diàochá	untersuchen	30
掉	掉	(V)	diào	fallen	34
动物园	動物園	(N)	dòngwùyuán	Zoo	33
段	段	(N/ZEW)	duàn	Abschnitt; Teil	31
对	對	(V)	duì	entsprechen, übereinstimmen	38
对联	對聯	(N)	duìlián	Reimpaar auf Spruchbändern	38
				E	
阿弥陀佛	阿彌陀佛	(R)	Ēmítuófó	Allmächtiger Buddha	27
耳朵	耳朵	(N)	ěrduo	Ohr	33
				F	
飞虎旗	飛虎旗	(N)	fēihǔqí	Flagge mit weißem Tiger und blauem Himmel	38
肥	肥	(Adj)	féi	fett	33
奋斗	奮鬥	(V)	fèndòu	kämpfen, um etw. ringen	35
				G	
改善	改善	(V)	gǎishàn	verbessern	31
高薪	高薪	(N)	gāoxīn	hohes Gehalt	35
工程	工程	(N)	gōngchéng	Bauprojekt	31

工程师	工程師	(N)	gōngchéngshī	Ingenieur	32
工具	工具	(N)	gōngjù	Werkzeug	32
工艺品	工藝品	(N)	gōngyìpǐn	Handarbeit, kunstgewerbliches Produkt	34
公里	公里	(ZEW)	gōnglǐ	Kilometer	30
古代	古代	(N)	gǔdài	Altertum	28
故乡	故鄉	(N)	gùxiāng	Heimatort	30
关心	關心	(V)	guānxīn	aufpassen, sich kümmern um	29
官	官	(N)	guān	Obstbaum	36
果树	果樹	(N)	guǒshù	Beamter	34

H

杭州	杭州	(EN)	Hángzhōu	Hangzhou (eine Stadt in China)	31
和尚	和尚	(N)	héshang	buddhistischer Mönch	27
虎	虎	(N)	hǔ	Tiger	38
画像	畫像	(N)	huàxiàng	Porträt	34
皇宫	皇宮	(N)	huánggōng	Palast	28
汇合	匯合	(V)	huìhé	zusammenfließen	31

J

激烈	激烈	(Adj)	jīliè	heftig, erbittert	32
计划	計劃	(V)	jìhuà	planen	37
计划生育	計劃生育		jìhuàshēngyù	Geburtenplanung	37
贾岛	賈島	(EN)	Jiǎ Dǎo	Jia Dao (ein Dichter der Tang–Dynastie)	36
健康	健康	(N/A)	jiànkāng	Gesundheit / gesund	30
江南	江南	(EN)	Jiāngnán	Region südlich des Unterlaufs des Changjiang	31
将军	將軍	(N)	jiāngjūn	General	34
将军服	將軍服	(N)	jiāngjūnfú	Generalsuniform	34
交际	交際	(N)	jiāojì	Kommunikation, gesellschaftlicher Umgang	35
轿子	轎子	(N)	jiàozi	Sänfte	36
今朝有酒今朝醉	今朝有酒今朝醉		jīnzhāo yǒu jiǔ jīnzhāo zuì	Hier und Jetzt leben und nicht an die Zukunft denken	35
经过	經過	(V)	jīngguò	passieren	36
经验	經驗	(N)	jīngyàn	Erfahrung	32
竞争	競爭	(V/N)	jìngzhēng	miteinander konkurrieren / Wettbewerb	32
敬	敬	(V)	jìng	jn. etw. (zum Genuss) anbieten	27
卷	卷	(V)	juǎn	einrollen, aufwickeln	38
决定	決定	(V)	juédìng	entscheiden, beschließen	33

L

拉	拉	(V)	lā	ziehen	36
老舍	老舍	(EN)	Lǎo Shě	Lao She (moderner chinesischer Schriftsteller)	29
乐趣	樂趣	(N)	lèqù	Vergnügen, Freude	29
流传	流傳	(V)	liúchuán	kursieren, in Umlauf sein	30
留	留	(V)	liú	bleiben	33
柳树	柳樹	(N)	liǔshù	Weide	31

乱	亂	(Adj)	luàn	durcheinander, unordentlich	35
轮椅	輪椅	(N)	lúnyǐ	Rollstuhl	34

M

毛驴	毛驢	(N)	máolǘ	Esel	36
美德	美德	(N)	měidé	Tugend	35
美化	美化	(V)	měihuà	verschönern	29
秘诀	秘訣	(N)	mìjué	Erfolgsgeheimnis	30
描写	描寫	(V)	miáoxiě	beschreiben	36
墨镜	墨鏡	(N)	mòjìng	Sonnenbrille	33

N

南水北调	南水北調	(R)	nán shuǐ běi diào	Wasser aus dem Süden nach Norden umleiten	31
难过	難過	(V/Adj)	nánguò	traurig sein / bedrückt	29
鸟	鳥	(N)	niǎo	Vogel	36
鸟宿池边树	鳥宿池邊樹		Niǎo sù chí biān shù	Ein Vogel verbringt die Nacht auf einem Baum an der Seite des Teiches.	36

P

飘扬	飄揚	(V)	piāoyáng	flattern, wehen	38

Q

旗子	旗子	(N)	qízi	Fahne, Flagge	38
前途	前途	(N)	qiántú	Zukunft, Perspektiven	32
抢救	搶救	(V)	qiǎngjiù	retten, bergen	33
敲	敲	(V)	qiāo	klopfen	36
巧云	巧雲	(EN)	Qiǎoyún	Qiaoyun (Name einer jungen Hausangestellten)	37
庆祝	慶祝	(V)	qìngzhù	feiern, feierlich begehen	38
穷人	窮人	(N)	qióngrén	arme Leute	35

R

人间	人間	(N)	rénjiān	weltlich	28
肉丝	肉絲	(N)	ròusī	geschnetzeltes Fleisch	37
肉丝炒竹笋	肉絲炒竹筍		ròusī chǎo zhúsǔn	gebratenes Schweinefleisch mit Bambussprossen	37

S

僧敲月下门	僧敲月下門		Sēng qiāo yuè xià mén	Ein Mönch klopft unter dem Mondlicht an ein Tor.	36
上联	上聯	(N)	shànglián	das erste von zwei zusammengehörenden Spruchbändern	38
神话	神話	(N)	shénhuà	Mythos	28
生育	生育	(V)	shēngyù	gebären	37
使者	使者	(N)	shǐzhě	Gesandter, Bote	33
收藏	收藏	(V)	shōucáng	sammeln	34
书法家	書法家	(N)	shūfǎjiā	Kalligraf	27
思考	思考	(V)	sīkǎo	nachdenken, überlegen	36
寺庙	寺廟	(N)	sìmiào	Tempel	27
宋代	宋代	(EN)	Sòngdài	Song Dynastie	27

苏东坡	蘇東坡	(EN)	Sū Dōngpō	Su Dongpo (berühmter Dichter der Song–Dynastie)	27
隋炀帝 (604—617)	隋煬帝 (604—617)	(EN)	Suí Yángdì	Kaiser Sui Yandi (ein Kaiser der Sui–Dynastie)	31

T

唐朝	唐朝	(EN)	Tángcháo	Tang–Dynastie	28
唐明皇	唐明皇	(EN)	Táng Mínghuáng	Kaiser Tangminghuang (Tang–Kaiser)	28
淘汰	淘汰	(V)	táotài	etw. aussondern, ausscheiden	32
通航	通航	(VO)	tōngháng	für den Flug– oder Schiffsverkehr geöffnet	31
透明	透明	(Adj)	tòumíng	durchsichtig, transparent	34
团聚	團聚	(V)	tuánjù	zusammen kommen; wieder vereinen	28
推	推	(V)	tuī	schieben, stoßen	36
腿	腿	(N)	tuǐ	Bein	33

W

挖	挖	(V)	wā	(aus)graben	31
外资	外資	(N)	wàizī	ausländisches Kapital	32
王安石	王安石	(EN)	Wáng Ānshí	Wang Anshi (ein berühmter Staatsmann und Autor der Song–Dynastie)	38
王兴	王興	(EN)	Wáng Xīng	Wang Xing (Personenname)	32
微笑	微笑	(V)	wēixiào	lächeln	34
闻	聞	(V)	wén	riechen	28
握	握	(V)	wò	halten	34

X

熄(灯)	熄(燈)	(V)	xī (dēng)	das Licht ausmachen	38
下联	下聯	(N)	xiàlián	das zweite von zwei zusammengehörenden Spruchbändern	38
夏威夷	夏威夷	(EN)	Xiàwēiyí	Hawaii	34
仙女	仙女	(N)	xiānnǚ	Elfe, Fee	28
香	香	(Adj)	xiāng	duftend, aromatisch	27
消费	消費	(V)	xiāofèi	konsumieren	35
血	血	(N)	xiě	Seele	34
心灵	心靈	(N)	xīnlíng	Herz	29
心脏	心臟	(V)	xīnzàng	erwachen, aufwachen	30
醒	醒	(N)	xǐng	Brust(korb)	28
胸	胸	(N)	xiōng	Panda	27
熊猫	熊貓	(N)	xióngmāo	Bildungsgang	33
学历	學歷	(N)	xuélì	Blut	32

Y

研究	研究	(V)	yánjiū	(er)forschen, untersuchen	31
眼睛	眼睛	(N)	yǎnjing	Auge	33

扬州	揚州	(EN)	Yángzhōu	Yangzhou (eine Stadt in China)	31
野生动物保护协会	野生動物保護協會	(EN)	Yěshēng Dòngwù Bǎohù Xiéhuì	Vereinigung zum Schutz von Tieren in der freien Natur	33
引	引	(V)	yǐn	ziehen, ausweichen	31
优	優	(Adj)	yōu	vorzüglich, ausgezeichnet	37
优生优育	優生優育		yōushēngyōuyù	gesunde Geburt und gute Erziehung	37
原来	原來	(N)	yuánlái	ursprünglich	28
缘分	緣分	(N)	yuánfèn	Schicksal, Fügung	34
院子	院子	(N)	yuànzi	Hof, Innenhof	29
月宫	月宮	(N)	yuègōng	Mondpalast	28
运动	運動	(V/N)	yùndòng	Sport treiben / Sport	30
运河	運河	(N)	yùnhé	Kanal	31
			Z		
在于	在於	(V)	zàiyú	auf etw. beruhen, abhängig sein von etw.	30
张学良	張學良	(EN)	Zhāng Xuéliáng	Zhang Xueliang (berühmter chinesischer General in den 1930er Jahren)	34
照顾	照顧	(V)	zhàogù	sich kümmern um, interessiert sein an	29
珍贵	珍貴	(Adj)	zhēnguì	kostbar, wertvoll	34
支持	支援	(V)	zhīchí	unterstützen	32
中榜	中榜	(VO)	zhòngbǎng	der eigene Name erscheint in der Liste der erfolgreichen Kandidaten oder Bewerber	38
竹笋	竹筍	(N)	zhúsǔn	Bambussprossen	37
竹叶	竹葉	(N)	zhúyè	Bambusblatt	33
竹子	竹子	(N)	zhúzi	Bambus	37
主人	主人	(N)	zhǔrén	Gastgeber	37
追求	追求	(V)	zhuīqiú	nach etw. streben, verfolgen	35
走马灯	走馬燈	(N)	zǒumǎdēng	Laterne mit beweglichen Papierschnitt-Figuren	38
组	組	(V/N)	zǔ	bilden, formen / Gruppe	30

字表索引

Schriftzeichen-Index

慌 huāng awfully

骗人 piàn

丰收
feng shou

刷牙
shua ya Zähneputzen

嫦娥
cháng é